KB180167

초등학생을 위한
기적의 신체놀이

1학년 2학기

☑ **일러두기**

'기적의 신체놀이' 시리즈는 '2022개정 교육과정 통합교과서'를 참고하여 개발 및 집필되었음을 밝힙니다.

1-1 학교, 사람들, 우리나라, 탐험

1-2 하루, 약속, 상상, 이야기

2-1 나, 자연, 마을, 세계

2-2 계절, 인물, 물건, 기억

초등학생을 위한 기적의 신체놀이

1학년 2학기

서은철 글 | 김재희 그림

서문

최근 교육 현장에서 에듀테크와 다양한 수업 기술이 발전하면서, 노트북과 태블릿과 같은 현대적인 보조 자료들이 학교에 보급되고 있습니다. 이러한 기술들이 교수·학습의 형태를 보다 효율적이고 효과적으로 만들어 주고 있지만, 동시에 학생들의 신체활동 시간은 점점 줄고 있습니다. 저체력 학생의 비중이 갈수록 늘고 있으며, 신체활동 콘텐츠에 대한 관심도 줄고 있는 현실입니다. 학생들의 신체활동에 대한 욕구는 여전히 강하지만 미세먼지, 황사, 우천 등 환경적 요인과 강당 및 운동장 사용 시간 확보의 어려움, 그리고 신체활동 콘텐츠의 부족으로 실제 신체활동 시간은 줄고 있는 상황입니다.

이러한 문제를 해결하고자 2024년부터 도입되는 2022 개정 교육과정에서는 1~2학년 학생들의 신체활동 놀이를 더욱 강조하고 있습니다. 2015 개정 교육과정에서는 '즐거운 생활' 과목에 신체·놀이활동이 80시간 배정되었으나, 2022 개정 교육과정에서는 '즐거운 생활' 128시간과 '안전교육' 16시간으로 확대되었습니다. 이는 단순히 수업 시간을 늘리는 것을 넘어, 학생들이 실제로 뛰어놀며 신체 움직임을 수반하는 체육 개념으로 재편성된 것입니다. 이로 인해 학생들은 보다 동적인 신체활동을 통해 신체 능력을 발전시킬 기회를 가지게 됩니다.

기존에 개발되어 학교 현장에 보급된 체육 놀이 활동은 주로 중·고학년을 대상으로 하여, 저학년 학생들에게 적합한 활동이 부족했습니다. 저학년 학생들은 신체활동에 대한 접근 방식이 다르고, 날씨나 특별실 사용에 대한 제약 없이 쉽게 적용할 수 있는 놀이가 필요합니다. 따라서 우리는 이러한 요구를 반영하여 저학년도 쉽게 접근할 수 있는 새롭고 재미있는 신체활동 놀이를 개발하고 보급하고자 했습니다. 이 책은 8가지 기본 움직임 요소를 중심으로 구성되어 있으며, 각 요소에 맞는 놀이를 제공하여 학생들이 신체적으로 다양한 경험을 할 수 있도록 설계되었습니다.

책의 구성은 이해하기 쉬운 그림책 형식으로 되어 있으며, 학기별로 신체활동을 효과적으로 적용할 수 있도록 구성하였습니다. 1학년 1학기부터 2학년 2학기까지의 학습 환경에 맞춘 신체활동을 제시함으로써, 교사들이 수업 계획을 세우는 데 실질적이고 구체적인 도움을 받을 수 있도록 했습니다. 각 활동은 교실, 운동장, 강당 등 다양한 장소에서 적용할 수 있으며, 대안 활동을 제시하여 교사들이 환경에 맞춰 유연하게 활용할 수 있도록 하였습니다.

이 책의 집필에 도움을 준 분들께 특별히 감사의 마음을 전하고 싶습니다. 먼저 집필 활동에 참여해 주신 1분에듀 연구회와 가바보 연구회 선생님들께 깊은 감사를 드립니다. 여러분의 열정과 헌신 덕분에 이 책이 완성될 수 있었습니다. 활동을 구상하고 교실에서 시도하며 피드백을 주고받는 과정에서 보여 주신 노력과 협력은 이 책의 품질을 높이는 데 큰 기여를 했습니다.

또한 제 아내이자 그림작가인 김재희 선생님께도 진심으로 감사드립니다. 제 그림 실력으로는 감당할 수 없는 많은 삽화를 기꺼이 맡아 주셨고, 학기 중 퇴근 후 늦은 시간까지, 그리고 방학까지 모두 반납하며 함께 작업해 주셨습니다. 신혼의 달콤한 시간을 포기하고 함께한 이 과정은 우리에게 큰 의미가 되었고, 이 책이 완성되기까지의 중요한 원동력이 되었습니다.

이 책이 학생들에게 즐겁고 유익한 신체활동을 제공하며, 교사들에게는 신체활동 수업을 원활하게 진행할 수 있는 유용한 도구가 되기를 진심으로 바랍니다. 신체활동을 통해 학생들이 신체적, 사회적, 정서적으로 건강하게 성장할 수 있기를 바라며, 교사들이 이 책을 통해 학생들과 함께 즐거운 신체활동을 경험하길 기대합니다. 이 책이 모든 독자에게 유익한 자료가 되기를 소망합니다.

2024년 8월

서은철

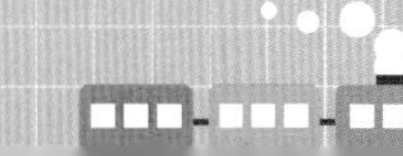

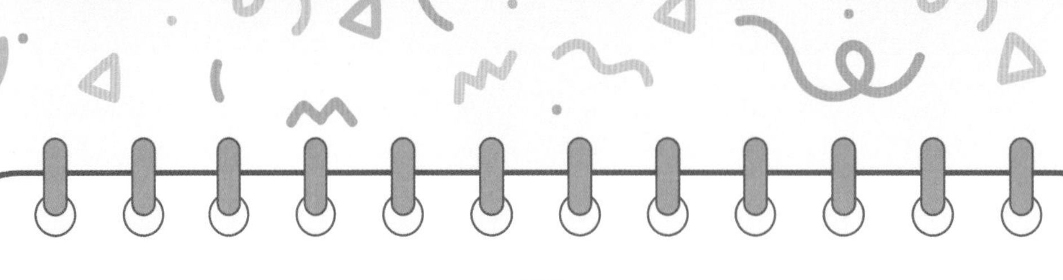

차례

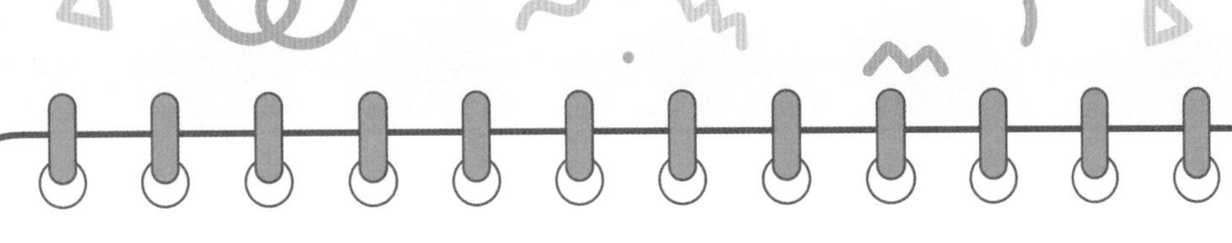

2부

약속

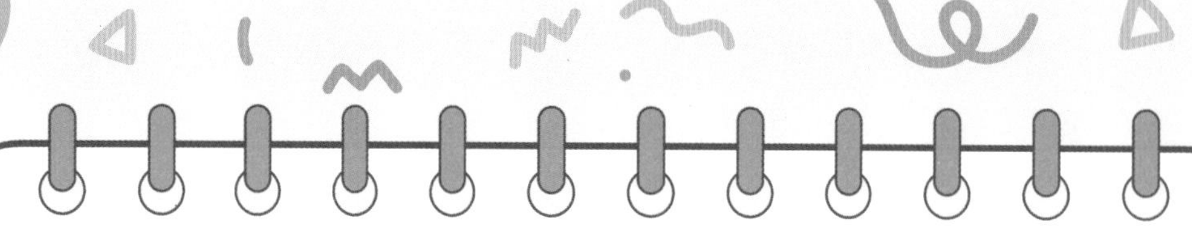

3부

상상

01 몸풀기

02 도구 활용

03 밀기·당기기·균형잡기

04 걷기·달리기

4부

이야기

1부

하루

단원 설명

통합교과서의 '하루' 단원에서 '하루'는 아이들이 일상에서 경험하는 다양한 활동과 사건들을 통해 자연스럽게 배움을 얻는 시간을 의미합니다. 교과서에서 학생은 '하루'의 반복과 그 차이를 능동적으로 느끼며 건강한 하루를 보내는 데 필요한 나름의 주기를 생성하는 다양한 활동을 체험합니다. 아침에 일어나서 밤에 잠들 때까지 겪는 일상을 다루며, 이를 통해 규칙과 습관을 배우고 자신의 생활을 계획하는 능력을 키웁니다. 또한 하루의 일상적 흐름인 아침, 점심, 저녁의 세 부분이 반영되어 있습니다. 따라서 이 책에서는 '하루'를 주제로 언제 어디서나 할 수 있는 가위바위보형 몸풀기 아침 놀이, 걷고 달려 많은 에너지가 필요한 술래잡기와 같은 점심 놀이, 균형잡기나 따라 하기 등 스트레칭으로 하기 좋은 저녁 놀이까지 아이들이 신체활동을 통해 하루를 건강하게 보내는 방법을 제시합니다. 아이들은 일상에서 이러한 활동들을 쉽게 실천할 수 있으며, 신체 건강뿐만 아니라 마음의 건강까지도 얻을 수 있습니다.

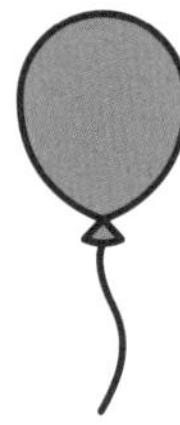

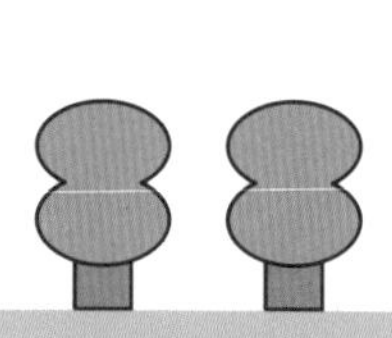

기본 움직임 요소	교실 놀이	강당이나 운동장 놀이
기본동작 모이기	모여라 가위바위보	둥글게 둥글게 원탈출
몸풀기	우정 가위바위보	미션 몸풀기
도구 활용	앉아 볼	곰을 피하는 연어들
밀기 당기기 균형잡기	나처럼 해 봐요	허수아비 달리기
	믿어벌레?	숫자 찾아 삼만리
걷기 달리기	따라 해 얼음땡	다람쥐 꼬리따기
		도토리 술래잡기 고양이 잡는 방울쥐
높이뛰기 멀리뛰기	3박자 뜀놀이	후프 기차 뛰기

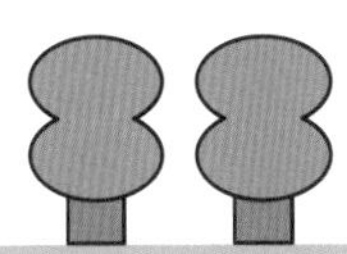

01

기본동작 · 모이기

놀이 1

모여라 가위바위보

놀이 2

둥글게 둥글게 원탈출

모여라 가위바위보

• 활동 장소 : 교실　　• 활동 인원 : 전체　　• 준비물 : 없음

이 활동은 가위바위보를 해서 같은 것을 낸 학생들끼리 빠르게 모이면 점수를 획득하는 놀이입니다.

1 넓게 흩어져서 손을 위로 올리고 다 같이 가위바위보를 한다.

은철쌤 깨알 꿀팁

선생님이 "가위바위보"라고 선창하면 이에 맞춰 학생들이 가위바위보를 한다.

2 같은 것을 낸 친구들끼리 손을 잡고 원으로 가장 빠르게 모인 팀이 1점을 얻는다.

은철쌤 깨알 꿀팁

가위, 바위, 보 세 팀 중 1명도 빠짐없이 둥글게 손을 잡고 모인 팀이 점수를 획득한다.
원을 만든 팀은 자리에 앉도록 한다.

3 놀이를 반복하며 2번 연속 해서 같은 것을 낼 수 없다.

은철쌤 깨알 꿀팁

같은 것을 낸 학생들끼리 모여 있기 때문에, 같은 것을 연속해서 내면 안 된다. 보를 냈다면 다음번에는 가위나 바위를 내야 한다.

둥글게 둥글게 원탈출

• 활동 장소 : 강당　　• 활동 인원 : 전체　　• 준비물 : 원마커

이 활동은 원마커 주위를 돌다가 선생님이 제시하는 숫자에 해당하는 원마커 위에 빠르게 서는 놀이입니다.

둥글게 둥글게 원탈출 활동 방법

1 숫자 원마커를 곳곳에 뿌려 두고 '둥글게 둥글게' 노래를 부르며 옆 사람 손을 잡고 원을 따라 돈다.

> **은철쌤 깨알 꿀팁**
>
> 도는 방향을 정하고 선생님이 "반대로"라고 말하면 방향을 바꾸며 노래 부르기 활동을 병행한다.

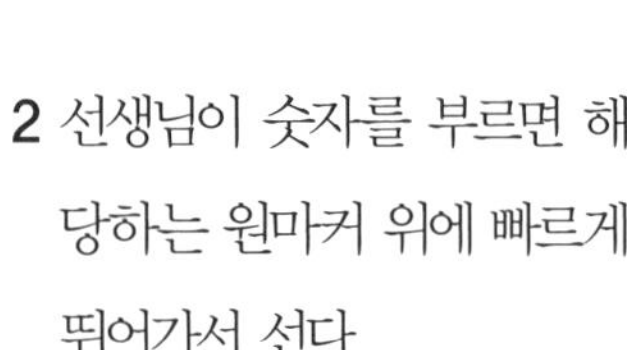

2 선생님이 숫자를 부르면 해당하는 원마커 위에 빠르게 뛰어가서 선다.

> **은철쌤 깨알 꿀팁**
>
> 하나의 마커 위에 1명만 서도록 하며 여러 가지 수를 동시에 부를 수 있다. 더하기 빼기를 이용하여 수학과 연계한 활동을 할 수도 있다.

3 성공하면 1점을 획득하고 반복하여 놀이한다.

빨강팀 2점

야싸!

빨강팀 1점
파랑팀 1점

은철쌤 깨알 꿀팁

점수를 원마커에 적힌 숫자만큼 획득하는 것으로 바꾸면 더욱 재미있다. 학생들을 위해 활동지를 준비하면 원활하게 놀이할 수 있다.

몸풀기

놀이 1

우정 가위바위보

놀이 2

미션 몸풀기

우정 가위바위보

• 활동 장소 : 교실/강당　　• 활동 인원 : 전체　　• 준비물 : 없음

이 활동은 돌아다니며 가위바위보를 해서 진 학생은 이긴 학생 뒤로 붙고, 반복하며 뒤에 있는 친구를 뺏고 뺏기며 한 줄이 될 때까지 하는 놀이입니다.

1 1:1로 온몸 가위바위보를 한다.

은철쌤 깨알 꿀팁

가위는 한 팔을 왼쪽 대각선 위로 길게 뻗고 다른 팔을 같은 방향으로 짧게 뻗으며, 바위는 손머리 자세, 보는 양팔을 넓게 벌리는 자세를 취한다. 학급별로 다르게 정하여 활동해도 된다.

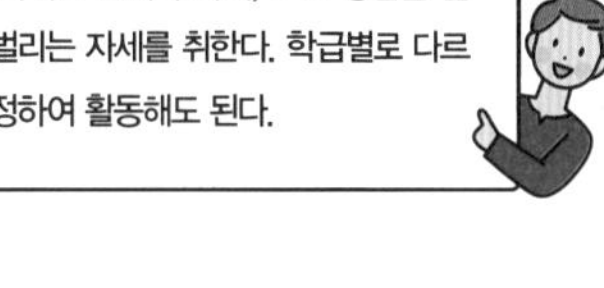

2 진 학생은 이긴 학생 뒤에 가서 붙어 팀이 되고, 다른 팀을 찾아 떠난다.

은철쌤 깨알 꿀팁

가위바위보에 이긴 학생이 제일 앞에 서고 뒤에 선 학생은 어깨에 손을 올리거나 뒤에 가까이 붙어 따라다닌다.

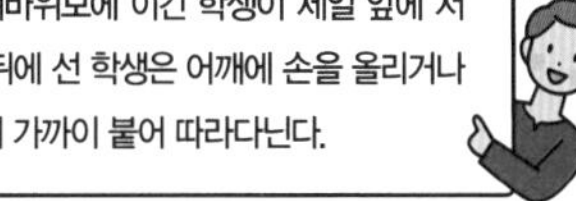

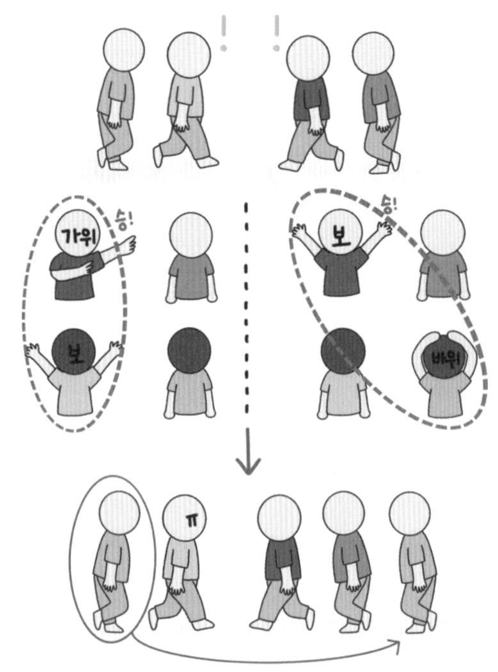

3 다른 팀을 만나면 앞에서부터 1명씩 우정 가위바위보를 한다. 진 팀의 맨 뒤에 선 친구는 이긴 팀의 뒤로 가서 붙는다.

은철쌤 깨알 꿀팁

같은 팀의 모든 학생이 가위바위보를 했을 때 진 팀의 마지막 학생은 이긴 팀으로 가서 붙는다. 한 번 가위바위보를 했으면 다른 팀과 가위바위보를 하러 이동한다.

4 전체 학생이 한 줄이 될 때까지 반복한다.

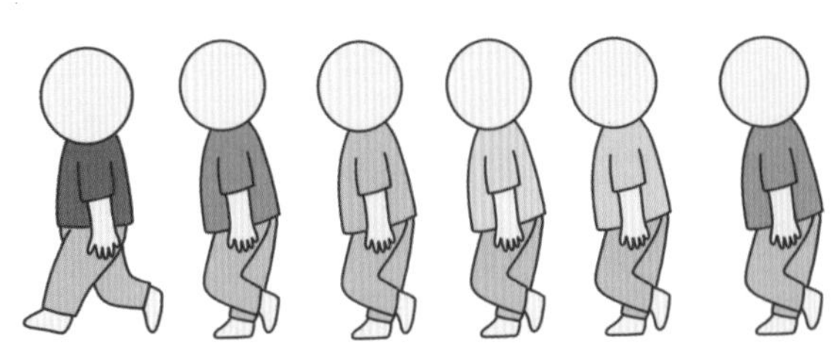

은철쌤 깨알 꿀팁

마지막에 두 줄만 남기 때문에 다른 팀을 찾으러 이동하지 않고 한 줄로 합쳐질 때까지 반복해서 가위바위보 한다.

미션 몸풀기

• 활동 장소 : 강당 • 활동 인원 : 두 팀 경쟁 • 준비물 : 점보스택스

이 활동은 세 구역을 정해진 미션을 완수하면서 빠르게 이동하는 놀이입니다.

미션 몸풀기 활동 방법

1 두 팀으로 나누고 3개의 미션으로 경기장을 구성한다. 미션 술래 2명, 달리기 선 2개.

은철쌤 깨알 꿀팁

미션 술래가 각각 다른 팀의 학생들을 상대하도록 경기 구역을 배치한다.

2 총 3가지 미션을 차례대로 통과한다.

첫 번째 미션 : 두 발로 콩콩 뛰어 도착선까지.

은철쌤 깨알 꿀팁

교사의 재량과 학생들의 수준에 따라 미션 수를 줄이거나 늘릴 수 있다. 또한 교사의 재량과 학생들의 수준에 따라 미션의 난이도를 낮추거나 높일 수 있다.

3 두 번째 미션 : 온몸 가위바위보로 술래를 한 번 이긴다.

미션 2
온몸 가위바위보

은철쌤 깨알 꿀팁

온몸 가위바위보 외에도 그냥 가위바위보, 참참참, 동작 따라 하기 등 쉽고 간단한 미션으로 변형 가능하다.

4 세 번째 미션 : 점보스택스를 3층으로 쌓고 다시 정리한다.

미션 3
점보스택스

은철쌤 깨알 꿀팁

6개의 점보스택스를 준비하고 1층은 3개, 2층은 2개, 3층은 1개로 피라미드를 쌓고 다시 정리한다.

도구 활용

놀이 1

앉아 볼

놀이 2

곰을 피하는 연어들

앉아 볼

• **활동 장소 : 교실**　　• **활동 인원 : 모둠**　　• **준비물 : 빅발리볼(짐볼)**

빅발리볼을 굴리고 피하는 활동을 통해 모둠별로 모두 아웃될 때까지 걸린 시간을 측정하여 승패를 가르는 놀이입니다.

1 한 모둠을 제외한 나머지 모둠은 원 대형으로 바닥에 앉고 한 모둠은 원 안으로 들어가서 선다.

은철쌤 깨알 꿀팁

6모둠 기준 1모둠씩 들어오거나, 2모둠씩 들어와서 경기를 진행하면 된다.

2 바닥에 앉은 팀(공격)은 공을 굴려서 원 안에 서 있는 팀(수비)을 맞춘다.

은철쌤 깨알 꿀팁

공을 굴릴 때는 공이 뜨지 않도록 주의해야 하며 허리 아래를 맞아야 아웃이다.

3 아웃된 학생은 밖으로 나와 바닥에 앉아서 공격팀이 된다.

은철쌤 깨알 꿀팁

원 안에 남은 학생이 적어서 맞추기 힘들어지면 원을 줄여 아웃되기 쉽게 한다.

4 모든 학생이 아웃되면 다음 모둠이 들어와서 놀이를 반복한다.

은철쌤 깨알 꿀팁

모둠별로 생존 시간을 측정하여 최강의 모둠을 선정할 수 있다.

곰을 피하는 연어들

• 활동 장소 : 강당/운동장　　　　　　• 활동 인원 : 전체
• 준비물 : 큰 공(빅발리볼, 킨볼, 짐볼)

이 활동은 술래가 굴리는 큰 공을 피해서 출발선과 도착선을 몇 번 왕복하는가에 따라 점수를 획득하고, 최고 점수를 획득한 친구가 다음 술래가 되는 놀이입니다.

공을 피하는 연어들 활동 방법

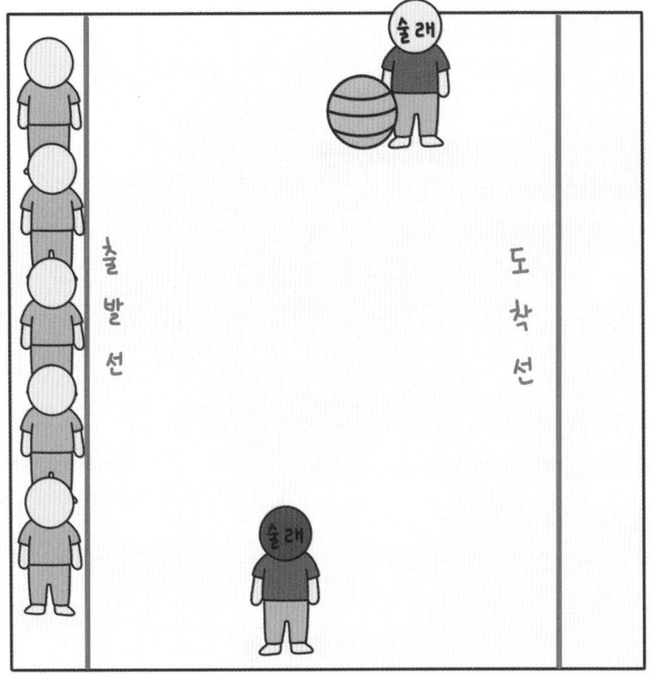

1 출발선과 도착선을 긋고 술래 2명은 짐볼이나 킨볼 1개를 가지고 코트 안에 선다.

은철쌤 깨알 꿀팁

반을 반으로 나누어서 두 번에 걸쳐 경기를 진행하며, 대기하는 학생들은 경기 중인 학생들의 점수를 측정하도록 해 주는 것이 좋다.

2 술래는 자유롭게 이동하며 짐볼을 밀어서 주고받으며 도망자들을 아웃시킨다. 아웃된 학생은 밖으로 나온다.

은철쌤 깨알 꿀팁

술래는 공을 직접 밀고 가서 도망자를 태그해도 되고 공을 밀어서 맞춰도 된다.

3 술래의 공에 맞지 않고 출발선→도착선→출발선으로 올 때마다 누적해서 1점.

은철쌤 깨알 꿀팁

출발선과 도착선 안은 안전 구역으로 공에 맞아도 아웃되지 않는다.

4 가장 점수가 높은 학생 2명이 다음 술래가 된다.

은철쌤 깨알 꿀팁

살아남은 학생 2명이 현재 가장 점수가 높다면 아웃될 때까지 경기를 진행하지 않고, 그 순간 중단한 후 다음 술래가 되어 처음부터 다시 경기를 시작한다.

밀기 · 당기기 · 균형잡기

놀이 1

나처럼 해 봐요

놀이 2

허수아비 달리기

놀이 3

믿어볼레?

놀이 4

숫자 찾아 삼만리

나처럼 해 봐요

• 활동 장소 : 교실　　• 활동 인원 : 팀 경쟁　　• 준비물 : 접시콘

이 활동은 팀 경쟁형 놀이로, 접시콘을 이용해 다양한 균형잡기 동작을 수행하면 상대 팀이 똑같이 따라 하는 놀이입니다.

1 2명씩 팀을 정하고, 1명당 1개씩 접시콘을 가진다.

은철쌤 깨알 꿀팁

2명 또는 3명씩 팀을 나누는 이유는 다양한 동작을 표현할 수 있는 기회를 제공하기 위해서다.

2 팀별로 한 발을 들고, 접시콘을 머리에 올린 포즈를 2개 정한다.

은철쌤 깨알 꿀팁

접시콘을 머리에 올리고 균형을 잡는 다양한 자세를 구상한다. 단 자세를 잡을 때 한 발을 꼭 들어야 한다는 규칙을 설명한다. 접시콘을 머리에 올려 두고 균형 잡기를 어려워하는 경우, 손바닥에 올려놓을 수 있다. 학생들이 새로운 자세를 만들기 어려워하는 경우, 교사가 먼저 다양한 자세를 시범 보일 수 있다.

3 두 팀이 마주 보고 서서 한 팀이 먼저 정한 자세를 보여 준다. 상대 팀 중에서 자세를 똑같이 따라 할 수 있는 친구는 한 걸음 앞으로 나와 자세를 따라 한다.

은철쌤 깨알 꿀팁

문제를 낼 때는 팀원 중 1명이 나와서 5초 동안 자세를 유지하고, 문제를 맞히는 팀은 따라 할 수 있는 사람들이 자유롭게 나와서 동작을 5초간 유지한다.

4 자세를 따라 한 학생 수만큼 점수를 획득하고, 역할을 바꾸어 상대 팀이 따라 할 수 있도록 새로운 자세를 취한다.

은철쌤 깨알 꿀팁

문제를 낼 자세가 더 이상 없으면 다른 팀을 찾아서 놀이를 반복한다.

5 가장 많은 점수를 획득한 팀이 승리한다.

은철쌤 깨알 꿀팁

여러 팀이 동시에 진행해도 좋지만, 학생들이 스스로 점수를 계산하기 어렵다면 두 팀씩 앞에 나와 놀이를 진행할 수 있다. 점수 계산이 어렵다면 토너먼트 형식으로 게임을 진행할 수 있다.

허수아비 달리기

• 활동 장소 : 강당/운동장 • 활동 인원 : 두 팀 경쟁 • 준비물 : 호루라기, 콘

이 놀이는 두 팀이 한 발 뛰기로 이동하다가 호루라기 소리가 들리면 균형을 잃지 않고 멈추어 가며 콘을 돌아오는 놀이입니다.

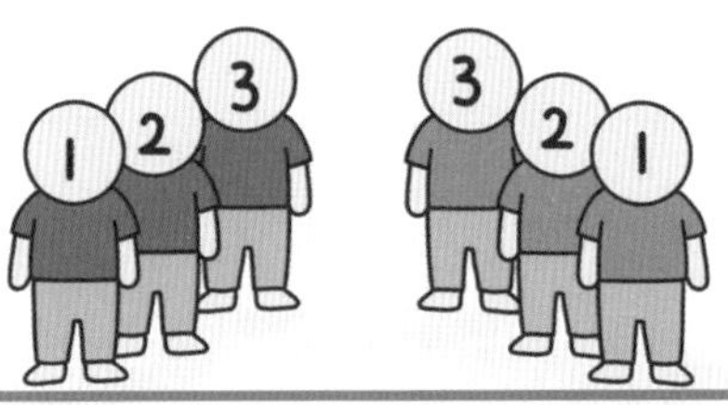

1 두 팀으로 나누고 콘으로 반환점을 정한 뒤 출발선에 선다.

은철쌤 깨알 꿀팁

다른 친구와의 부딪힘을 방지하기 위해 콘은 각 팀당 하나씩 설치한다. 활동이 익숙해지면 콘의 거리를 조금 더 멀리 조절한다.

2 출발선에서 반환점을 향해 학생들이 허수아비처럼 양팔을 벌리고 한 발로 뛰어갔다 돌아온다.

은철쌤 깨알 꿀팁

한 발로 설 때 양팔을 벌려 균형 잡는 방법을 익힐 수 있도록 하고, 중간에 발을 바꾸지 않도록 한다.

3 중간에 교사가 호루라기를 불면, 제자리에 멈춘다. 균형을 잃거나 멈추지 않은 학생은 출발선으로 가서 다시 출발한다.

은철쌤 깨알 꿀팁

호루라기 소리가 들렸을 때, 멈추지 못하고 균형을 잃고 넘어지거나 두 발을 땅에 짚은 경우 출발선으로 가서 다시 시작한다.

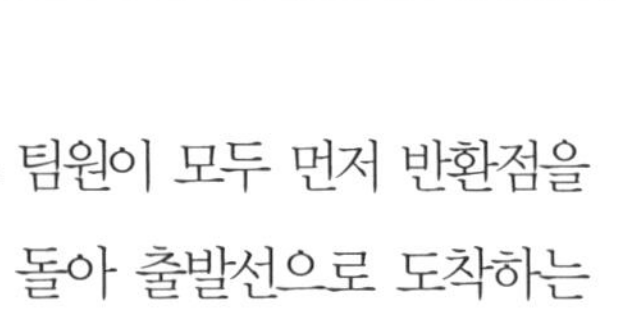

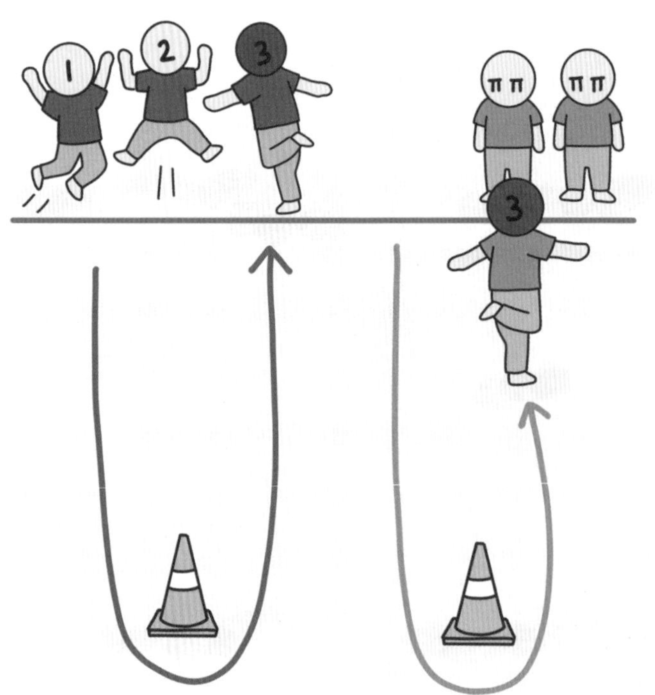

4 팀원이 모두 먼저 반환점을 돌아 출발선으로 도착하는 팀이 승리한다.

은철쌤 깨알 꿀팁

한 경기가 끝나면 발을 바꿔서 한 번 더 놀이한다.

믿어벌레?

• 활동 장소 : 교실/강당　　• 활동 인원 : 두 팀 경쟁　　• 준비물 : 안대

이 활동은 팀 활동으로 팀원의 안내를 들으며 장애물을 피해 결승선을 빨리 통과하는 팀이 승리하는 놀이입니다.

믿어벌레? 활동 방법

1 반을 애벌레팀과 벌팀으로 나눈다. 벌팀은 놀이 공간으로 이동해 장애물이 된다.

은철쌤 깨알 꿀팁

장애물이 되는 학생의 수는 놀이 공간의 크기에 따라 조절할 수 있다. 결승선을 완전히 막는 것은 안 된다는 규칙을 학생들에게 안내해 준다. 장애물이 되는 친구들은 앉은 자리에서 이동할 수 없고 자리에 앉아 팔은 자신의 몸을 감싼 채로 가만히 있는다.

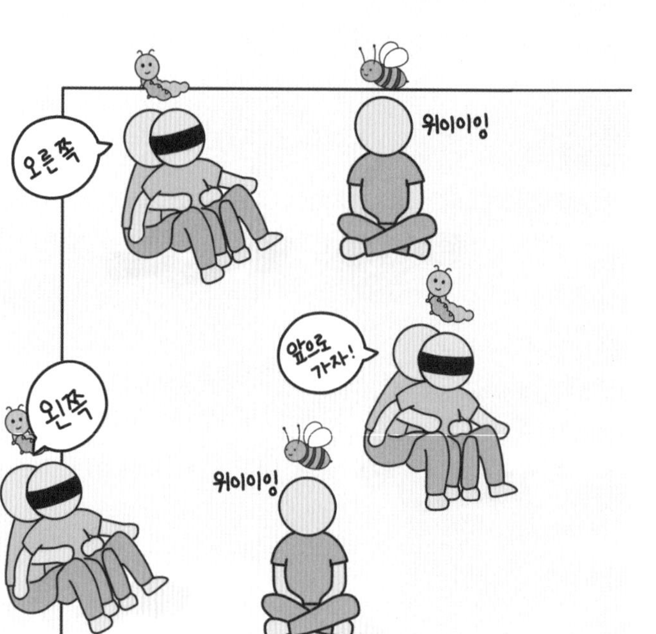

2 애벌레팀의 맨 앞 친구는 안대로 눈을 가리고 팀원들의 설명을 들으며 애벌레처럼 이동한다.

은철쌤 깨알 꿀팁

맨 앞의 친구에게 정보를 줄 때 직진, 좌회전, 우회전 등으로 정보를 줄 수 있다. 또는 게임 시작 전에 어떤 식으로 정보를 줄지 학생들끼리 의논하는 시간을 주면 학생들이 좀 더 전략적으로 놀이를 할 수 있다.

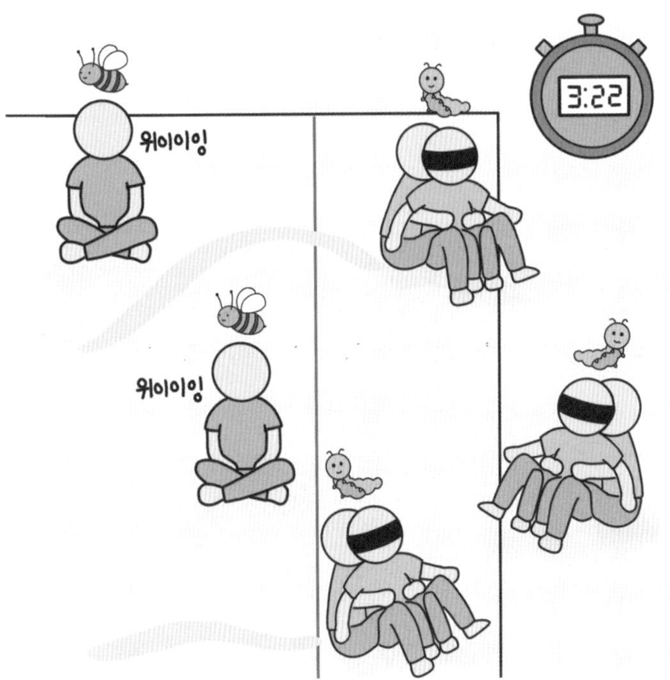

3 결승선을 통과하는 데 걸린 시간이 짧은 팀이 승리한다.

은철쌤 깨알 꿀팁

놀이가 끝나면 애벌레팀과 벌팀을 바꾸어 한 번 더 진행하고, 결승선을 통과하는 데 걸린 시간이 더 짧은 팀이 승리한다.
변형 놀이로 게임 시작 전, 스파이를 미리 뽑을 수도 있다. 스파이는 맨 앞 친구가 장애물을 피하지 못하도록 거짓 정보를 줄 수 있다. 스파이는 자기가 속한 팀(애벌레)이 패배해야 승리한다.

숫자 찾아 삼만리

• 활동 장소 : 강당 • 활동 인원 : 팀 경쟁 • 준비물 : 콘, 주사위

이 활동은 애벌레 자세로 주사위를 던져 나온 숫자에 해당하는 콘을 빨리 돌아오면 점수를 획득하는 놀이입니다.

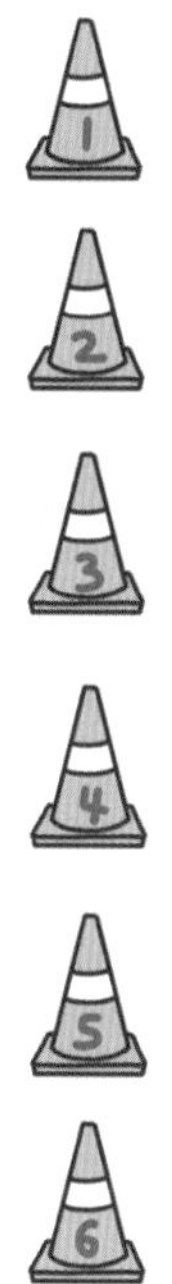

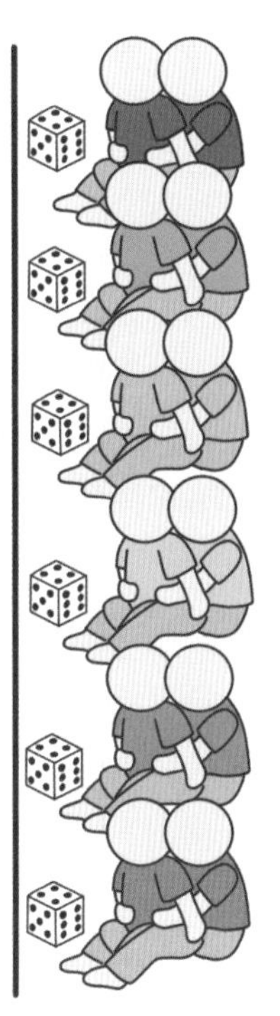

1 반환점에 일렬로 고깔을 6개 두고 출발선에 애벌레 형태로 앉아 준비한다.

은철쌤 깨알 꿀팁

팀을 나눈 후 모둠이 선정한 출발선 자리 바닥에 편하게 앉아 뒷사람의 무릎을 잡아 애벌레 형태로 만든다. 시작점 자리를 선정할 때는 가위바위보에 이긴 모둠이 먼저 선점하게 한다.

2 주사위를 굴려 나온 숫자가 적힌 라바콘으로 이동한다.

은철쌤 깨알 꿀팁

자리를 선점하고도 시작점의 자리와 먼 숫자가 나올 수 있으므로 운의 요소를 추가하여 재미를 더할 수 있다. 또한 이동할 때는 앉은 상태로 애벌레가 움직이듯이 길게 움직여야 한다.

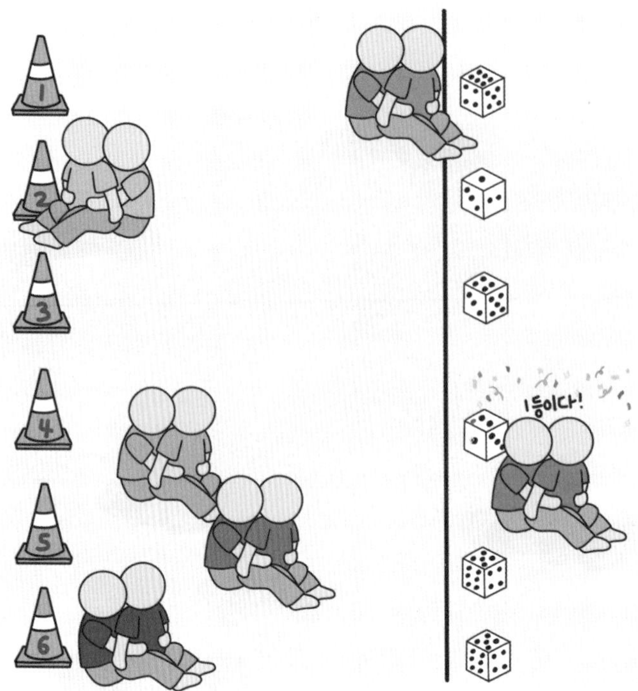

3 주사위 숫자와 맞는 라바콘을 돌아 아무 자리로 먼저 돌아오는 팀이 가장 높은 점수를 받는다.

은철쌤 깨알 꿀팁

6팀이므로 먼저 돌아오는 순서대로 팀에 점수를 6, 5, 4, 3, 2, 1로 준다. 3~4라운드로 진행하고 반의 모두가 참여할 수 있도록 한다.

걷기 · 달리기

놀이 1

따라 해 얼음땡

놀이 2

다람쥐 꼬리따기

놀이 3

도토리 술래잡기

놀이 4

고양이 잡는 방울 쥐

따라 해 얼음땡

• 활동 장소 : 교실/강당 • 활동 인원 : 전체 • 준비물 : 조끼, 접시콘

이 활동은 술래가 지목하는 학생이 얼음 동작이 되는 술래잡기형 놀이입니다.

1 술래 1명을 뽑고 나머지는 머리 위에 접시콘을 올려 놓는다.

은철쌤 깨알 꿀팁

이름이 불린 도망자는 최대한 쉬운 동작을 해야 안 잡힐 수 있음을 인지하면 협동성도 2배로 놀이의 재미도 2배로 올라간다!

2 술래가 1명의 이름을 호명하면 이름이 불린 학생은 원하는 얼음 동작을 표현한다.

은철쌤 깨알 꿀팁

술래가 도망자를 잡으러 갈 때 뒷짐을 지면서 걸어 다녀야 한다. 뛰어서 잡았을 경우도 무효 처리되고 출발 위치로 돌아가야 한다.

3 얼음을 하기 전에 술래에게 잡히거나 접시콘을 떨어뜨리면 제자리에 앉는다.

은철쌤 깨알 꿀팁

살아 있는 친구들이 터치해 주면 다시 콘을 머리에 올리고 도망간다.

4 모두 얼음을 하거나 아웃되면 마지막에 얼음을 한 친구가 다음 술래가 된다.

은철쌤 깨알 꿀팁

마지막에 잡혀서 아웃되거나 얼음을 한 친구는 10초를 세고 놀이를 시작한다.

다람쥐 꼬리따기

• 활동 장소 : 강당/운동장　　• 활동 인원 : 전체　　• 준비물 : 훌라후프, 꼬리

이 활동은 안전 구역에 있는 도망자와 안전 구역 밖에 있는 도망자를 잡을 수 있는 술래를 각 1명씩 정하고 술래잡기하는 놀이입니다.

다람쥐 꼬리따기 활동 방법

1 술래 1명, 다람쥐 술래 1명을 뽑고 나머지는 꼬리를 붙인 후 도망자가 된다. 안전 구역을 설정한다.

은철쌤 깨알 꿀팁

술래와 다람쥐 술래는 구분하기 쉽도록 색이 다른 팀조끼를 입도록 한다.

2 술래는 안전 구역에 들어간 도망자의 꼬리를 뗄 수 없다.

은철쌤 깨알 꿀팁

안전 구역인 훌라후프의 개수는 도망자의 인원수보다 적게 설정한다.

3 다람쥐 술래는 안전 구역에 있는 도망자의 꼬리를 뜯을 수 있다. (단, 안전 구역 밖의 도망자의 꼬리를 뜯을 수 없음.)

은철쌤 깨알 꿀팁

단순히 터치하는 것으로 아웃을 결정하지 않고 꼬리를 떼어야만 아웃 처리된다.

4 2명이 남을 때까지 놀이를 반복한다.

은철쌤 깨알 꿀팁

최후에 남은 2인이 다음 술래와 다람쥐 술래가 된다.

도토리 술래잡기

• 활동 장소 : 강당/운동장 • 활동 인원 : 2인 1조 • 준비물 : 말랑한 공 또는 콩주머니

이 활동은 2인 1조로 팀을 나누어 도토리(공, 콩주머니, 사탕 등)를 주고받다가 정지 신호가 울리면 도토리를 가진 사람을 잡는 놀이입니다.

도토리 술래잡기 활동 방법

1 2명씩 짝을 짓고 서로 도토리를 주고받는다.

은철쌤 깨알 꿀팁

주고받는 도토리는 학생들이 맞더라도 다치지 않는 말랑한 공이나 조그마한 사탕으로 한다. 너무 멀리 혹은 높이 공을 던지다가 다른 팀과 충돌할 수 있으므로 사전에 다른 친구에게 고의로 던지지 않도록 주의를 주고 서로 가까이에서 던지도록 지도한다.

2 선생님이 호각을 불면 30초 동안 도토리를 들고 있지 않은 학생이 술래가 되어, 도토리를 들고 있는 학생을 잡는다.

은철쌤 깨알 꿀팁

시간은 학생들의 수준에 따라 조정할 것을 권장한다. 도토리를 떨어뜨릴 경우, 떨어뜨린 학생은 빠르게 주워서 도망가고 만약 술래가 먼저 주우면 술래가 도토리를 가진다.

3 도토리를 가지고 있던 사람이 잡히면 술래에게 도토리를 넘겨주고 잡히지 않았다면 자신이 도토리를 갖는다.

은철쌤 깨알 꿀팁

친구의 도토리를 빼앗는 과정에서 몸싸움이 일어나지 않도록 도토리를 손에서 빼내지 않고 단순히 술래에게 신체 중 일부만 잡혀도 도토리를 넘겨주도록 한다. 라운드마다 얻는 도토리는 모든 라운드가 끝날 때까지 누적된다.

4 게임을 반복하여 가장 많은 도토리를 모은 사람이 승리한다.

은철쌤 깨알 꿀팁

중간중간 얻은 도토리는 경기장 바깥 공간에 모아 두게 하여 이전 라운드에서 얻은 도토리를 든 채로 게임을 진행하지 않도록 한다. 승리를 판가름하는 도토리 개수나 라운드 수는 놀이 시간을 고려하여 조절할 수 있다.

고양이 잡는 방울 쥐

• 활동 장소 : 강당/운동장 • 활동 인원 : 전체 • 준비물 : 방울카드, 조끼

이 활동은 고양이 술래가 쥐를 쫓는 술래잡기형 놀이입니다. 대신 방울을 가진 쥐를 잡으면 고양이가 아웃됩니다.

고양이 잡는 방울쥐 활동 방법

1 사각형 경기장 안에서 고양이 1명과 방울 카드를 가질 쥐 4명을 선정한다.

은철쌤 깨알 꿀팁

사각형 경기장은 콘을 이용해서 구역을 만들어 준다. 고양이 역할을 할 친구들은 놀이 인원수에 따라 조정한다. 고양이 역할을 하는 친구들은 구별하기 좋게 조끼를 입는다. 쥐들은 모두 함께 손을 잡고 시작한다.

2 고양이에게 잡힌 쥐는 경기장 밖으로 나간다.

은철쌤 깨알 꿀팁

잡힌 쥐는 경기장 바깥으로 나가서 한곳에 모여 앉는다.

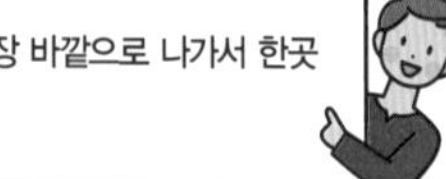

3 방울을 가진 쥐를 잡으면 고양이는 아웃되고 잡은 쥐의 수만큼 점수를 획득한다.

은철쌤 깨알 꿀팁

고양이가 아웃되면 다음 고양이를 정하고 방울 카드를 섞은 후 다시 놀이를 반복한다.

06

높이뛰기 · 멀리뛰기

놀이 1

3박자 뜀놀이

놀이 2

후프 기차 뛰기

3박자 뜀놀이

• 활동 장소 : 교실/강당 • 활동 인원 : 전체 • 준비물 : 작은 공 2개, 리듬밴드

이 활동은 단체 활동으로 3박자에 맞추어 뛰뛰기를 한 후 공을 던져 넣는 놀이입니다.

1 2명이 마주 보고 앉아서 줄의 높이를 무릎, 어깨, 머리의 3단계 순서로 잡는다.

은철쌤 깨알 꿀팁

학생 수가 적어서 참여 인원이 적어진다면, 학생들이 줄을 잡는 대신 구조물을 이용하여 줄을 설치한다.

2 각 팀에서 1명씩 나와 공을 들고 3박자의 한 박마다 줄 1개씩을 넘는다. 줄에 걸리면 다음 단계로 갈 수 없다.

은철쌤 깨알 꿀팁

줄을 잡은 학생과 공을 쥔 학생들 외에 다른 친구들이 박수로 3박자를 쳐 준다.

3 3번을 모두 뛴 후 팀 골대에 공을 던진다.

은철쌤 깨알 꿀팁

3번의 기회 동안 줄을 넘고 자신의 자리에서 공을 던진다. 줄을 넘지 못하면 멀리서 공을 던지게 된다.

4 골대에 골을 넣으면 줄을 넘은 단계만큼 점수를 획득한다.

은철쌤 깨알 꿀팁

줄을 3번 넘은 곳에서 던져서 넣으면 3점, 줄을 1번 넘은 곳에서 던져서 넣으면 1점을 획득한다. 줄을 잘 넘어야 높은 점수를 쉽게 획득할 수 있다.

후프 기차 뛰기

• 활동 장소 : 강당/운동장　• 활동 인원 : 두 팀 경쟁　• 준비물 : 훌라후프

이 활동은 같은 손을 잡는 학생을 1명씩 늘려 가며 훌라후프를 동시에 뛰어서 완전히 통과하는 놀이입니다.

후프 기차 뛰기 활동 방법

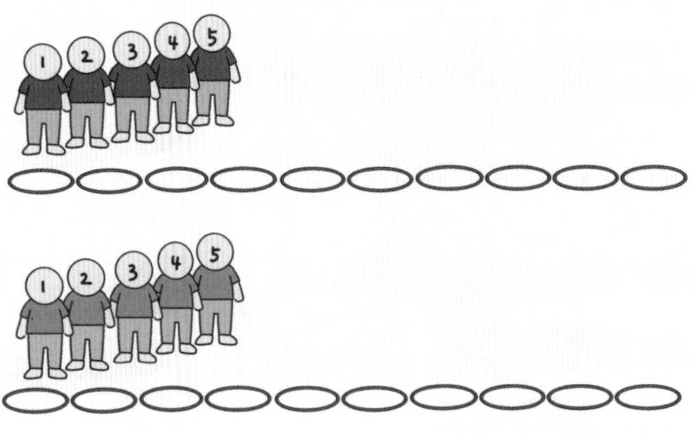

1 두 팀으로 나누고 훌라후프를 일자로 10개씩 설치한다.

은철쌤 깨알 꿀팁

학생 수에 관계 없이 훌라후프 개수를 유지하거나 추가해도 된다. 다만 훌라후프가 많으면 다 같이 손을 잡은 상태에서 동시에 뛰어야 하는 횟수가 늘기 때문에 난이도 조절을 원한다면 훌라후프 개수를 조절하면 된다.

2 첫 주자가 훌라후프로 뛰어 들어오고 출발선에 있는 친구의 손을 잡는다.

은철쌤 깨알 꿀팁

앞 친구와 뒤 친구는 손을 엇갈려서 잡는다. 앞 친구의 왼손을 뒤 친구가 오른손으로 잡으면 된다.

3 손을 잡은 채로 앞으로 한 칸 뛰고 출발선에 있는 다음 친구의 손을 이어 잡는다.

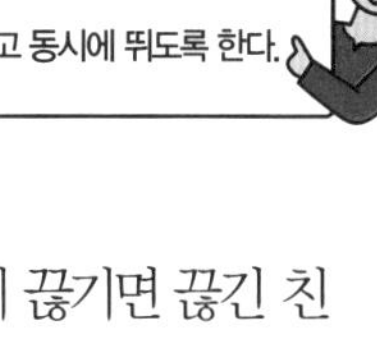

은철쌤 깨알 꿀팁

앞으로 뛸 때는 구호를 맞추어 "하나 둘 셋"으로 신호를 주고 동시에 뛰도록 한다.

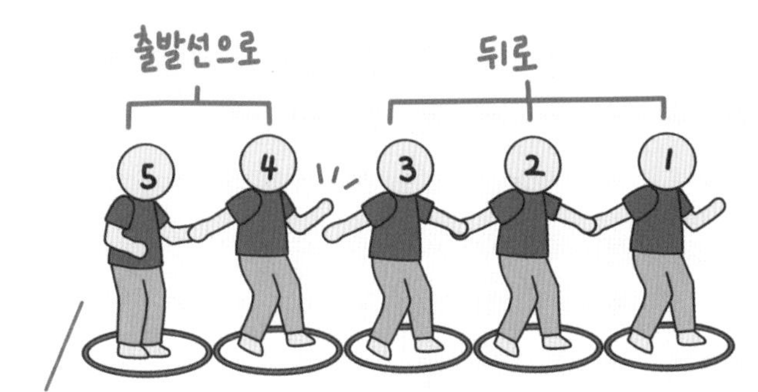

4 뛰다가 손이 끊기면 끊긴 친구를 기준으로 모두 뒤로 가서 출발선에서 다시 시작한다.

은철쌤 깨알 꿀팁

뛰는 과정에서 잠시라도 손이 떨어지면 떨어진 친구 중 가장 앞서 있는 친구를 기준으로 뒤로 가서 다시 시작해야 한다.

5 모두 훌라후프를 통과할 때까지 반복하여 먼저 통과한 팀이 승리한다.

은철쌤 깨알 꿀팁

팀의 마지막 주자가 마지막 훌라후프를 통과할 때까지 뛰기를 반복한다.

2부

약속

단원 설명

통합교과서의 '약속' 단원은 아동의 권리를 현재도 미래도 누릴 수 있도록 약속하자는 발상에서 시작되었습니다. 약속은 사회생활에서 중요한 개념으로, 서로의 신뢰를 바탕으로 규칙과 규범을 이해하고 지키는 것을 의미합니다. 교과서에서 학생은 '지속 가능성'을 구체적으로 경험하고 편견, 차별, 혐오가 없는 세상에 살기 위해 다양한 약속을 배우게 됩니다. 교과서는 친구와의 약속, 가정 내 약속 등을 통해 사회적 책임감과 규칙 준수의 중요성을 가르칩니다. 따라서 이 책에서는 '약속'을 주제로 친구와 함께하는 '2인3각 빙고 달리기' 같은 협동 놀이와 '우리 집을 지켜라' 같은 팀 활동 등을 통해 약속을 지키는 방법과 그 중요성을 체득할 수 있는 활동을 제시합니다. 이 활동들을 통해 아이들은 자연스럽게 사회적 규범을 배우고, 공동체 생활의 기초를 다질 수 있습니다. 또한 약속을 지키는 경험을 통해 신뢰와 협력의 가치를 배울 수 있습니다.

기본 움직임 요소	교실 놀이	강당이나 운동장 놀이
몸풀기		가위바위보 뛰기 짝꿍 주사위 달리기
	깜깜이랑	짝꿍이랑
도구 활용	집 지키며 가위바위보	우리 집을 지켜라
걷기 달리기	같은 색 집 찾기	이사 가는 날
		인간말 빙고 2인3각 빙고 달리기
높이뛰기 멀리뛰기	빈백 모으기	우리 팀을 따라와
던지기	밀어내고 저 끝까지	콩주머니 빙고

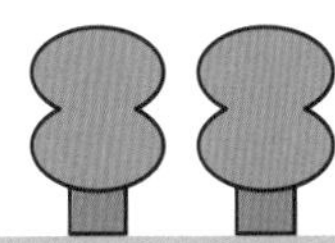

몸풀기

놀이 1

가위바위보 뛰기

놀이 2

짝꿍 주사위 달리기

놀이 3

깜깜이랑

놀이 4

짝꿍이랑

가위바위보 뛰기

• 활동 장소 : 강당/운동장 • 활동 인원 : 전체 • 준비물 : 콘(반환점)

이 활동은 가위바위보를 하여 반대편에 놓인 콘을 돌아오는 놀이입니다.

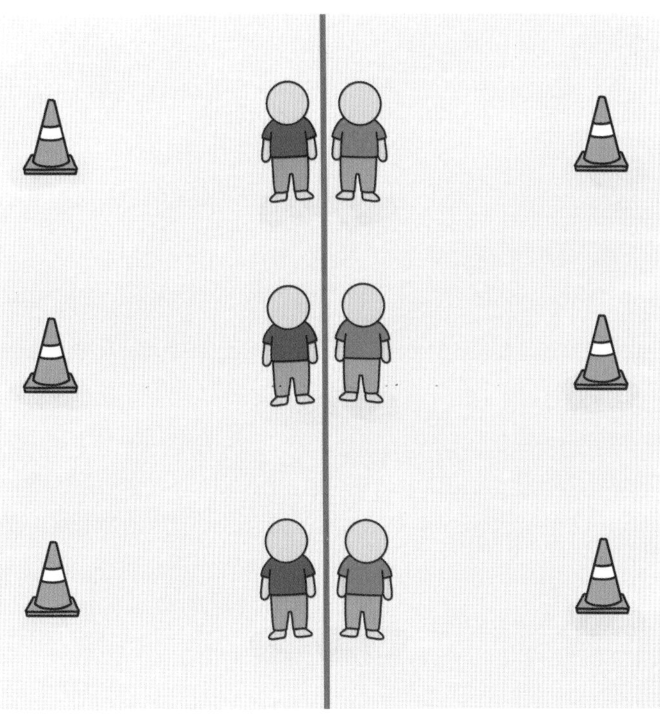

1 반을 두 팀으로 나누고 중앙에 긴 선을 그린 후, 두 팀이 마주 보고 나란히 서고 반대편에 콘을 놓는다.

은철쌤 깨알 꿀팁

인원이 많으면 네 팀으로 나누어 활동한다. 게임에 참여하지 않는 팀원이 반환점이 될 수 있다.

2 마주 본 사람끼리 가위바위보를 하고, 승부가 나면 자신의 콘을 돌아 출발점으로 돌아온다.

은철쌤 깨알 꿀팁

가위바위보를 해서 승부가 나면 바로 출발하며, 콘의 위치를 조절해서 달리기 난이도를 조절할 수 있다.

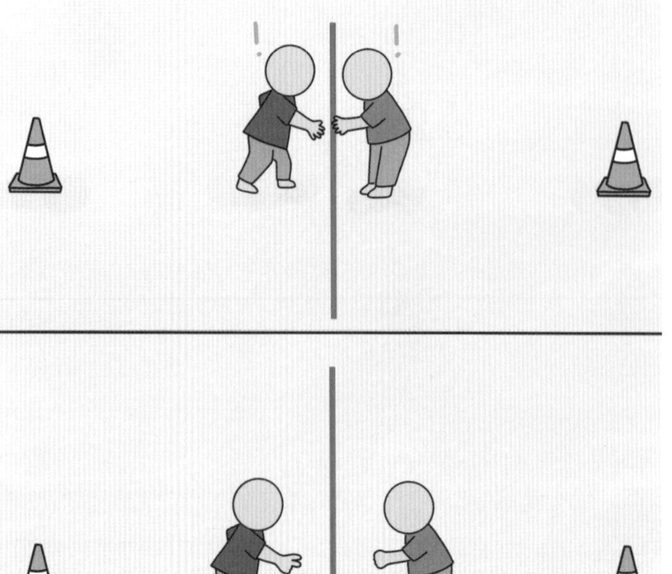

3 가위바위보를 비길 경우 두 친구는 경계선에서 반환점을 향해 한 발짝 간 후 다시 가위바위보를 한다.

은철쌤 깨알 꿀팁

가위바위보 게임에서는 이기는 데 집중하게 되는데 이 활동에서는 이기고 지는 것보다 비기는 데 집중하게 하는 특징이 있다.

4 먼저 출발점으로 돌아오는 친구가 승리한다.

은철쌤 깨알 꿀팁

한 게임이 끝나면 옆으로 한 칸 옮겨 대결 상대를 바꿔 게임을 진행할 수 있다.

짝꿍 주사위 달리기

• **활동 장소 : 강당/운동장** • **활동 인원 : 전체** • **준비물 : 라바콘, 주사위**

이 활동은 주사위를 굴려 숫자에 해당하는 미션을 수행하며 반환점을 돌아오는 놀이입니다.

짝꿍 주사위 달리기 활동 방법

1 콘을 반환점에 놓아 두고, 학생들은 2명이 한 팀이 되어 손을 잡고 달릴 준비를 한다.

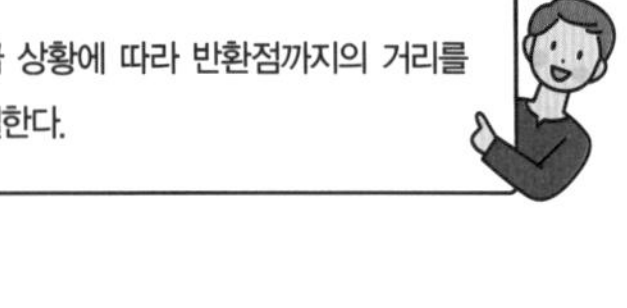

은철쌤 깨알 꿀팁

학급 상황에 따라 반환점까지의 거리를 조절한다.

2 2명 중 1명이 주사위를 굴려 나온 숫자에 해당하는 행동을 짝과 함께 수행하며 콘을 돌아 달려와 다음 팀에게 주사위를 전달한다.

은철쌤 깨알 꿀팁

주사위를 바통 대신 사용하므로 너무 멀리 던지지 않고, 바로 주워 달릴 수 있는 범위에 던지도록 한다.
주사위를 바통으로 들고 달린 후 다음 주자에게 정확히 전달하도록 한다.

3 주사위 숫자에 해당하는 행동 미션은 다음과 같다.

은철쌤 깨알 꿀팁

〈주사위 숫자에 따른 행동 미션〉

(1) 짝과 함께 한 손은 주사위를 나누어 잡고 한 발로 콩콩 뛰며 달리기.

(2) 짝과 함께 한 손은 주사위를 나누어 잡고 두 발로 달리기.

(3) 짝과 함께 한 손은 주사위를 나누어 잡고 나머지 한 손을 번쩍 들고 달리기.

(4) 짝과 함께 한 손은 주사위를 나누어 잡고 양손 만세하고 달리기.

(5) 짝과 함께 두 손으로 주사위를 나누어 잡고 달리기.

(6) 짝과 함께 등 뒤로 손을 뻗어 주사위를 나누어 잡고 달리기.

깜깜이랑

• 활동 장소 : 교실　• 활동 인원 : 모둠　• 준비물 : 펀스틱, 안대, 콘

안대를 하고 펀스틱을 들고 있는 수비팀을 피해 이랑을 지나갔다 돌아오는 놀이입니다.

1 4명씩 팀을 나누어 공격과 수비를 정한다. 수비 3명은 안대를 차고 펀스틱을 2개씩 들고 이랑에 서고, 수비 1명은 반환점에 선다.

은철쌤 깨알 꿀팁

학급을 4명씩 팀을 나누어 경쟁하는 경기로, 한 경기에 2모둠씩 참여할 수 있게 구성한다. 수비 역할은 몇 번의 경기를 진행하는 동안 서로 바꿔 가면서 담당할 수 있도록 한다.

2 수비의 펀스틱이나 몸에 닿지 않게 공격팀은 이랑을 뛰어넘어 이동한다.

은철쌤 깨알 꿀팁

상대편의 영역을 밟으면 아웃이다. 펀스틱을 양손에 든 수비는 팔을 앞으로 뻗을 수 없고 양쪽 위아래로 움직이며 수비한다. 두 팔을 모두 막은 상태로 오래 있지 않고 계속 움직일 수 있도록 독려한다. 펀스틱을 너무 세게 휘두르지 않도록 사전에 안전교육을 한다.

3 반환점에 있는 수비와 가위바위보를 하여 이기면 출발점으로 돌아가고, 지면 코끼리코 5번을 하고 돌아온다.

은철쌤 깨알 꿀팁

다시 돌아올 때는 처음 방법대로 수비에게 닿지 않으면서 출발점으로 온다. 갈 때 아웃되면 출발점에서 다시 시작하고, 돌아올 때 아웃되면 반환점에서 다시 시작한다.

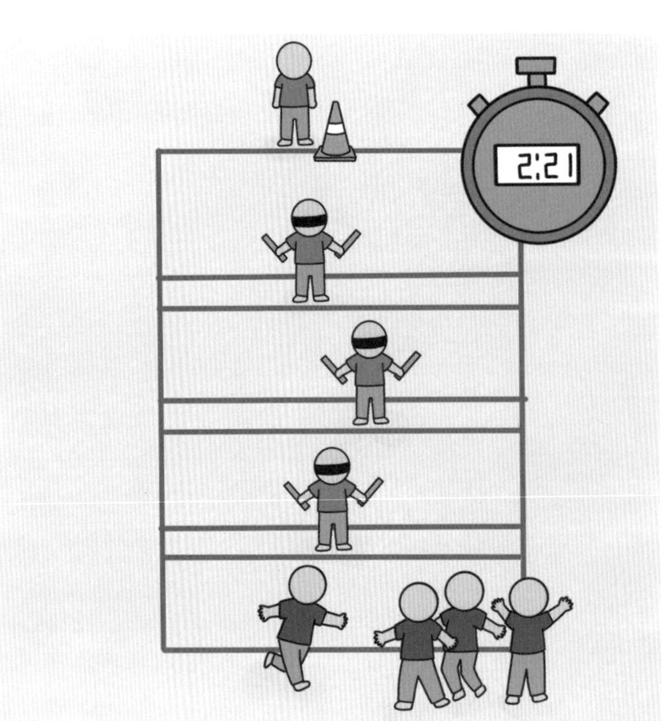

4 4명 모두 시작점으로 돌아오는 시간을 기록하여 승부를 정한다.

은철쌤 깨알 꿀팁

팀 구성, 영역 구성 등은 환경에 맞게 수정하여 진행할 수 있다. 경쟁 요소 또한 부활 없이 시작점으로 돌아온 인원수로 바꾸거나, 반환점을 도착점으로 바꾸어 진행할 수 있다. 교실의 환경에 따라 두 경기를 동시에 진행할 수도 있다. 기다리는 학생들도 다른 팀의 기록에 집중하여 흥미롭게 참여할 수 있다.

짝꿍이랑

• 활동 장소 : 강당/운동장 • 활동 인원 : 팀 경쟁
• 준비물 : 콘(라인기), 점수카드(1~10점), 바구니, 팀조끼

둘이 손을 잡고 수비팀을 피해 반환점에서 점수카드를 들고 돌아오면 카드에 써 있는 숫자만큼 점수를 획득하는 놀이입니다.

짝궁이랑 활동 방법

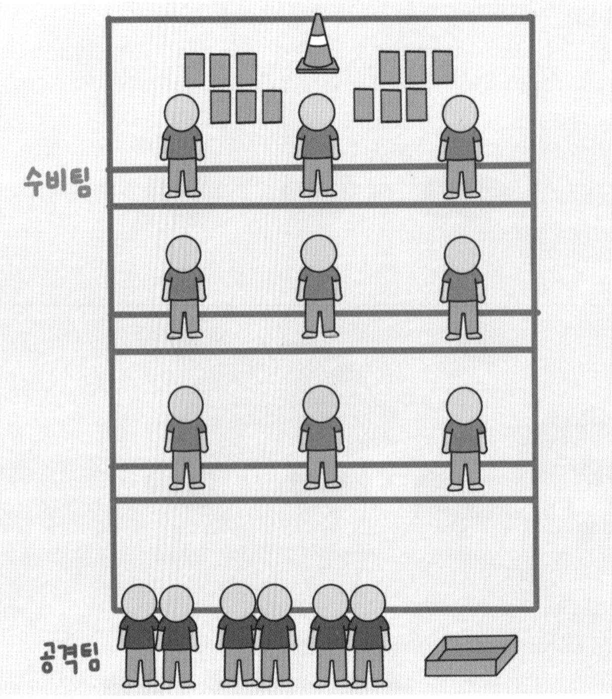

1 두 팀으로 공격과 수비를 정한다. 수비는 이랑을 지키고, 공격은 2명씩 짝을 지어 손을 잡고 반환점을 돌아온다.

은철쌤 깨알 꿀팁

24명 기준, 공간이 넓은 경우 12명씩 두 팀, 공간이 좁은 경우 6명씩 네 팀으로 나누어 공격과 수비 순서를 정한다. 손잡기를 거부하는 짝은 팀조끼를 활용하여 연결할 수 있도록 한다. 서로의 영역을 밟으면 아웃이다.

2 반환점 바닥에 있는 카드를 한 장 가지고 출발점으로 돌아와 바구니에 넣는다.

은철쌤 깨알 꿀팁

카드는 뒤집힌 상태라서 점수를 미리 알 수 없으나 경기 규칙을 바꾸어 순서대로 가지고 오게 할 수도 있다.

3 공격이 이랑을 뛰어넘을 때 수비가 둘 중 1명을 터치하면 아웃이다.

은철쌤 깨알 꿀팁

이랑에서 수비하는 학생은 다른 친구의 공간을 가로지르며 수비하지 않도록, 터치를 너무 세게 하거나 발을 걸지 않도록 사전에 약속한다. 갈 때 아웃되면 출발점에서 다시 시작하고, 돌아올 때 아웃되면 반환점에서 다시 시작한다.

4 정해진 시간이 종료되면 카드의 점수를 합산하여 총합이 가장 큰 팀이 승리한다.

은철쌤 깨알 꿀팁

승리를 결정하는 방법은 카드의 점수 합산하기, 가장 큰 점수 가져오기, 점수판 넘기기, 콩주머니 가져오기 등 준비물 상황에 따라 여러 가지로 변형할 수 있다.

도구 활용

놀이 1

집 지키며 가위바위보

놀이 2

우리 집을 지켜라

집 지키며 가위바위보

• 활동 장소 : 교실 • 활동 인원 : 두 팀 경쟁 • 준비물 : 원마커, 팀조끼

원마커를 이동하다가 상대 팀과 마주치면 가위바위보를 하고 이기면 이동하여 상대 집에 먼저 도착하는 팀이 승리하는 놀이입니다.

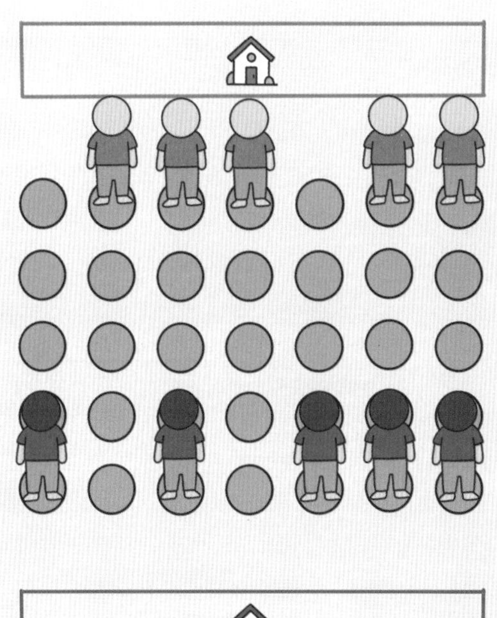

1 원마커를 7×5만큼 교실 바닥에 놓고, 5명씩 두 팀으로 나뉘어 양 끝 줄의 원하는 원마커 위에 선다.

은철쌤 깨알 꿀팁

총 35자리가 있지만, 양 끝 줄 뒤가 각 팀의 집이므로 놀이 참여자가 끝 줄에 있는 7자리 중 한 자리를 선택하여 시작 준비를 할 수 있도록 안내한다.

2 이동 신호와 함께 놀이 참여자는 앞, 뒤, 좌, 우, 대각선 중 한 방향을 선택하여 한 칸 이동한다.

은철쌤 깨알 꿀팁

학생들이 상대 팀의 움직임을 보고 뒤늦게 이동할 수 있으니 동시에 모두가 이동할 수 있게 한다. 원마커 하나에 1명만 서 있을 수 있으며 하나의 원마커에 둘 이상 올라가면 둘 다 탈락이다.

3 상대 팀과 마주 보는 상황이 오면 가위바위보를 하고 지면 경기장 밖으로 이동한다.

은철쌤 깨알 꿀팁

상대 팀의 집을 향해 매 신호에 맞춰 한 칸씩 이동한다. 집을 지키기 위해 움직이는 상대 팀과 마주하는 경우는 앞, 뒤, 좌, 우 네 경우이며 사이 공간 없이 나란히 자리하고 있을 때이다. ㄱ, ㄴ, ㅁ 모양으로 둘 이상의 참여자가 만나면 가위바위보 꼴찌만 경기장 밖으로 이동한다.

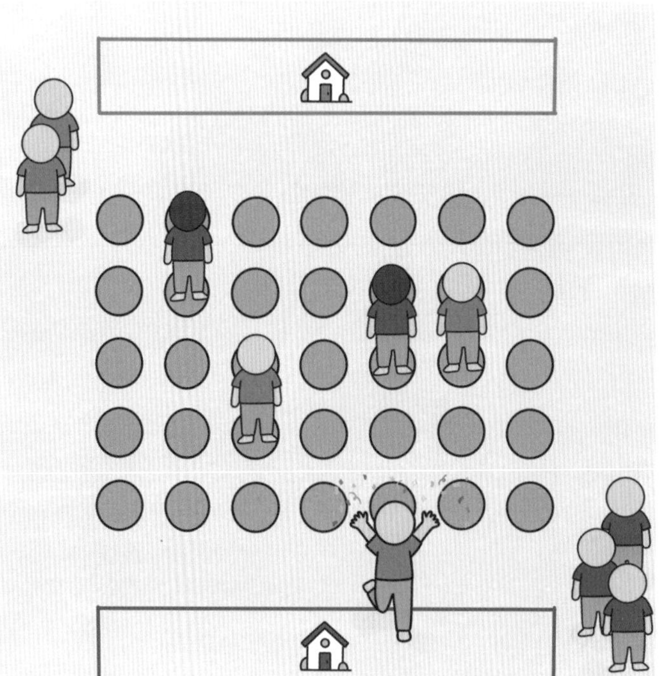

4 팀원 모두가 경기장 밖으로 나가게 되거나 우리 집에 상대 팀이 도착하면 놀이가 끝난다.

은철쌤 깨알 꿀팁

놀이는 다양하게 변형할 수 있다(이동하지 않는 경우 허용, 대각선 이동 허용, 경기장 크기 변경, 대각선 움직임 허용 등). 매 신호에 맞춰 한 칸씩 이동하되, 집을 지키기 위해 움직이는 참여자와 상대 집을 향해 나아가는 참여자로 역할을 나누어 놀이할 수 있도록 안내하면 참여자의 전략적 사고에 도움이 된다.

우리 집을 지켜라

• 활동 장소 : 강당/운동장 • 활동 인원 : 전체 • 준비물 : 라인테이프, 팀조끼, 콩주머니

2~4팀으로 나뉘어 각자 2개의 콩주머니를 받아 상대의 집에 넣으려 노력하고, 우리 집에 들어오는 콩주머니를 막아 지키는 놀이입니다.

우리 집을 지켜라 활동 방법

1 학급을 두 팀으로 나누고 팀조끼를 입은 후 콩주머니를 2개씩 받는다.

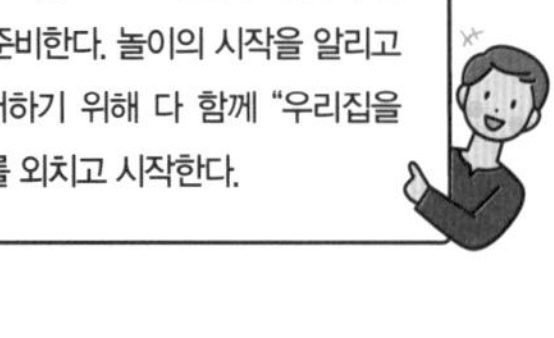

은철쌤 깨알 꿀팁

직사각형 모양으로 그려진 우리 집 주변에 서서 준비한다. 놀이의 시작을 알리고 재미를 더하기 위해 다 함께 "우리집을 지켜라!"를 외치고 시작한다.

2 놀이가 시작되면 자유롭게 움직이며 상대의 집에 콩주머니를 던져 넣는다. 동시에 상대의 콩주머니가 우리 집에 들어오지 못하도록 막는다.

은철쌤 깨알 꿀팁

신체접촉이 일어나지 않도록 주의할 것을 안내한다. 가지고 있던 콩주머니는 상대의 집을 향해 던지거나 바닥에 떨어뜨리면 다시 주울 수 없다는 규칙을 학생들에게 설명한다. 다른 친구가 가지고 있던 콩주머니를 고의로 쳐서 떨어뜨리지 않도록 주의한다.

3 모두가 손에 들고 있던 콩주머니를 소진하면 놀이를 종료한다.

은철쌤 깨알 꿀팁

다양하게 놀이를 진행하고 싶다면 시간제로 운영할 수 있다(팀 수, 경기장 모양, 콩주머니 수 등을 변형하여 놀이에 적용). 단 콩주머니 수는 놀이 참여자의 학습 단계와 수준을 고려하여 조절한다.

4 우리 집에 가장 적은 수의 콩주머니를 허락한 팀이 승리한다.

은철쌤 깨알 꿀팁

놀이를 다시 진행하거나 정리할 때 각자 처음에 받았던 콩주머니 개수만큼 가져오도록 지도하면 놀이의 시작부터 끝까지 참여자가 참여하고 있다는 인식을 심어 주어 책임감을 기를 수 있다.

03

걷기 · 달리기

놀이 1

같은 색 집 찾기

놀이 2

이사 가는 날

놀이 3

인간말 빙고

놀이 4

2인3각 빙고 달리기

같은 색 집 찾기

· 활동 장소 : 교실　　· 활동 인원 : 전체　　· 준비물 : 원마커

이 활동은 술래가 원마커 색깔을 부르고, 불린 원마커에 서 있는 사람은 같은 색이지만 비어 있는 다른 원마커로 이동하는 놀이입니다.

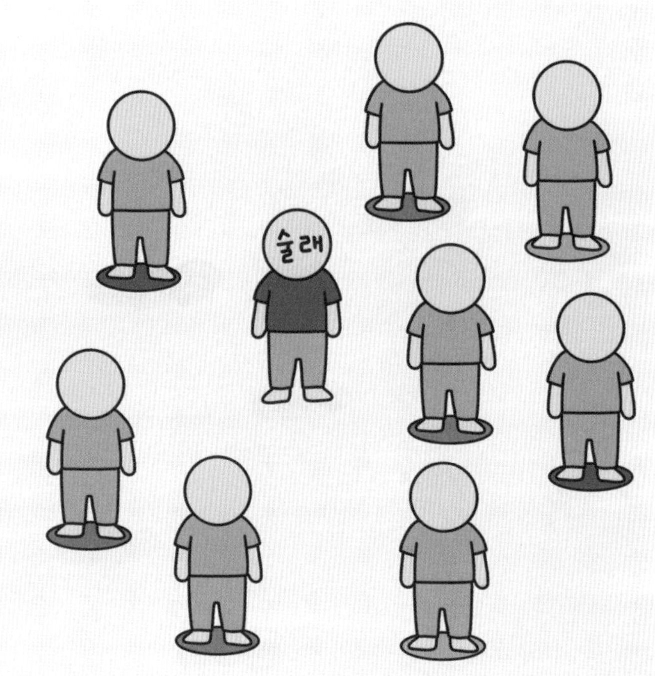

1 학생들은 비슷한 수의 빨강, 노랑, 초록, 파랑 원마커 위에 서고 술래는 빈 공간에 선다.

은철쌤 깨알 꿀팁

원마커는 전체 학생 수보다 1개 적게 시작한다. 술래를 제외한 학생들의 수를 4가지 색깔에 비슷하게 배치한다(예: 총 학생 수가 26명인 경우, 술래 1명, 빨강 6명, 노랑 6명, 초록 6명, 파랑 7명). 원마커의 색깔과 수는 교실 상황에 맞게 조절할 수 있고 술래는 아무것도 없는 가운데 공간에 선다.

2 술래는 색깔을 최소 1개, 최대 3개 부를 수 있고 "무지개"를 외치면 모두가 다른 자리로 옮긴다.

은철쌤 깨알 꿀팁

술래는 빨강, 노랑, 초록, 파랑 색깔 중 최소 1개에서 최대 3개까지 부를 수 있다. 색깔을 부를 때는 크고 명확한 목소리로 모두가 들릴 수 있게 외쳐야 한다고 안내한다.

3 술래가 부르는 색깔에 서 있는 사람은 다른 위치로 자리를 옮긴다.

은철쌤 깨알 꿀팁

술래가 부른 색깔의 원마커에 서 있던 사람은 반드시 다른 자리로 옮겨야 한다. 이때 원래 서 있던 원마커와 색깔은 같지만 위치만 다른 곳으로 옮겨야 한다. 여러 학생이 동시에 한 마커로 온 경우, 두 발이 모두 마커 위로 올라온 학생이 집을 차지한다.

술래가 "무지개"를 외친 경우, 모든 사람이 원래 자신이 서 있던 마커와 색깔은 같지만 위치가 다른 곳으로 옮겨야 한다.

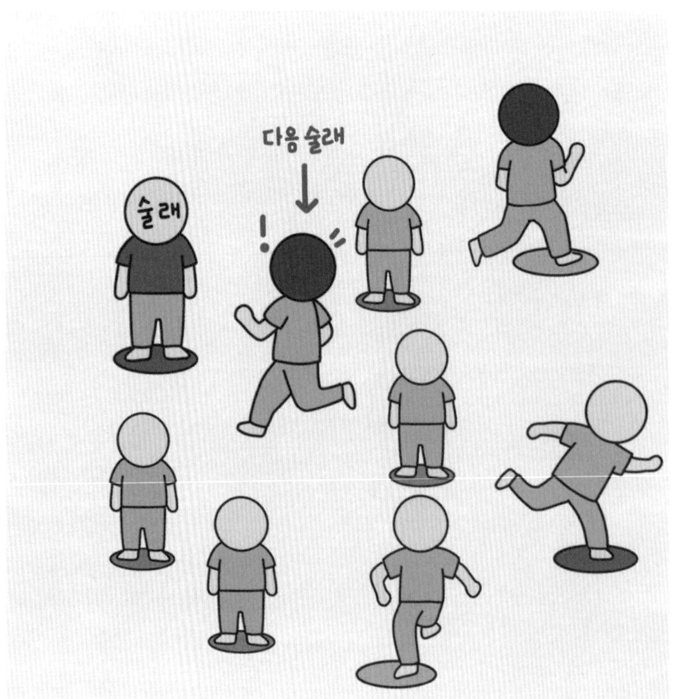

4 정해진 시간이 끝났을 때 집이 없는 사람이 다음 술래가 된다.

은철쌤 깨알 꿀팁

계속 반복할 수 있는 게임이므로 시간제한 없이 계속 활동하기에 용이하다.

이사 가는 날

• 활동 장소 : 강당/운동장 • 활동 인원 : 전체 • 준비물 : 라인기, 고깔, 원마커

이 활동은 출발선에 서 있다가 신호음에 맞춰 걸어가 고깔을 돌아온 뒤, 비어 있는 원마커를 차지하는 빈집 찾기 놀이입니다.

이사 가는 날 활동 방법

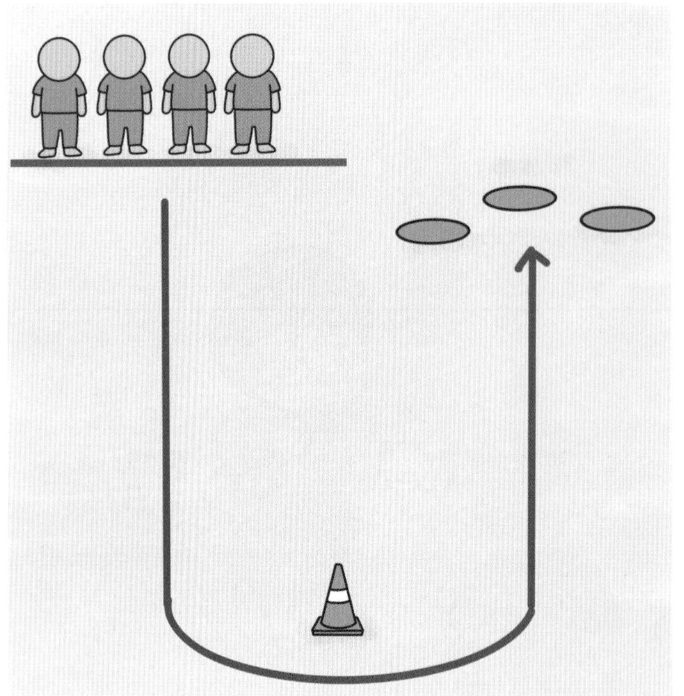

1 출발선에서 호루라기 소리에 맞춰 출발한다.

은철쌤 깨알 꿀팁

고깔을 향해 갈 때는 반드시 두 발 중 한 발은 땅에 붙어 있어야 하며 고깔까지 뛰지 않고 걸어가야 한다고 안내한다. 놀이의 시작을 알리고 재미를 더하기 위해 다 함께 "이사 준비"를 외치고 시작한다.

2 멀리 있는 고깔을 돌아서 집이 있는 곳으로 걸어온다.

은철쌤 깨알 꿀팁

학생들에게 고깔을 건드리지 않고 걸어서 돌아오라고 안내한다.

3 비어 있는 집 위에 서며 "이사 끝"을 외친다.

은철쌤 깨알 꿀팁

아무도 차지하지 않은 원마커 집 위에만 올라갈 수 있으며, 이미 다른 학생이 올라간 집 위에는 올라갈 수 없다. 동시에 온 경우 두 발이 모두 원마커 위에 먼저 올라간 학생이 집주인이 된다.

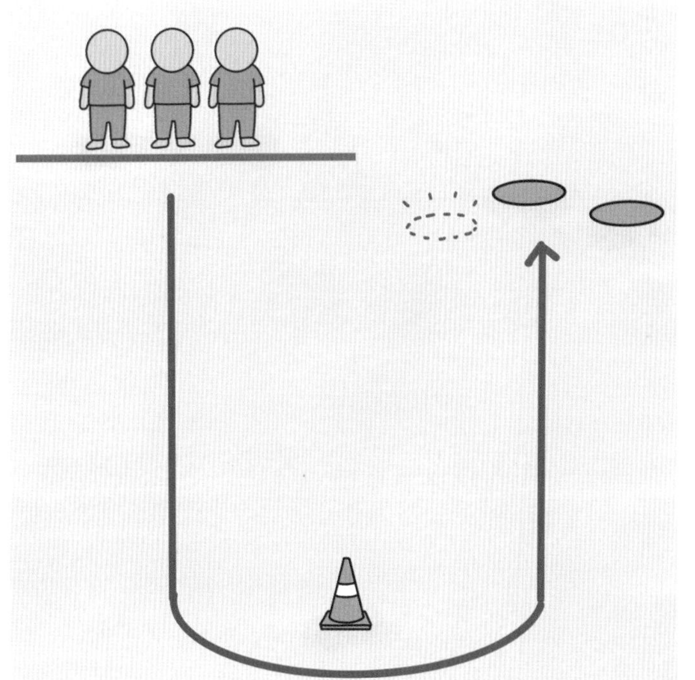

4 교사는 새 게임마다 원마커 집을 하나씩 제거한다.

은철쌤 깨알 꿀팁

새 게임이 시작될 때마다 교사는 학생 수보다 원마커 수가 1개 적어지도록 원마커를 제거한다. 필요와 상황에 따라 원마커 1~3개를 동시에 제거하여 진행 속도를 높여도 좋다.

인간말 빙고

• 활동 장소 : 강당/운동장 • 활동 인원 : 두 팀 경쟁 • 준비물 : 훌라후프, 팀조끼

이 활동은 두 팀으로 나누어 인간말로 빙고를 만드는 놀이입니다.

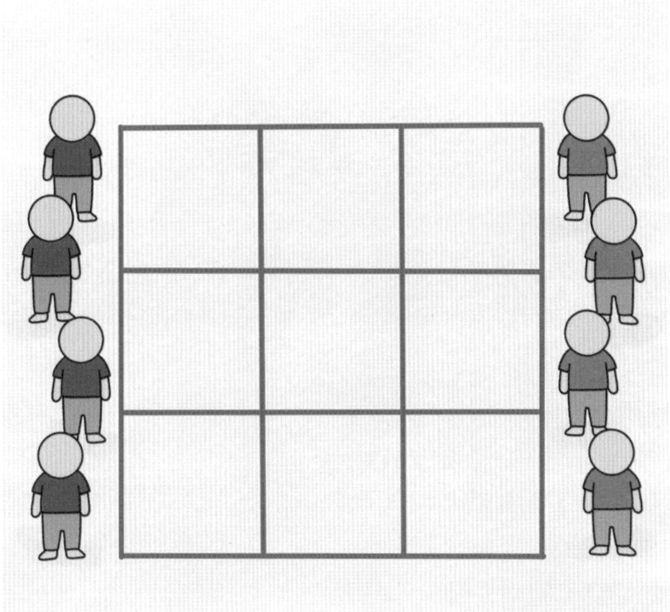

1 빙고판을 바닥에 그리고 두 팀으로 나눈다.

은철쌤 깨알 꿀팁

빙고칸(3×3, 4×4, 5×5) 수는 학급 상황에 따라 나눈다. 빙고칸의 수가 많을수록 다양한 경우가 나오고 게임의 시간 또한 길어진다.

2 선생님의 구호에 따라 양 팀의 학생들이 동시에 출발하여 빙고칸의 한 구역에 위치한다.

은철쌤 깨알 꿀팁

주자별로 확인이 쉽도록 팀조끼를 착용하면 편하다.
주자들은 달려가 빙고판의 한 구역에 위치하여 인간말이 된다.

3 빙고를 만든 팀원은 "빙고"를 외치고 자기 진영으로 돌아간다. 제한시간에 빙고를 많이 만든 팀이 이긴다.

은철쌤 깨알 꿀팁

빙고 개수를 학생들이 직접 세도록 하면 즐거움이 배가된다.

2인3각 빙고 달리기

• 활동 장소 : 강당/운동장 • 활동 인원 : 두 팀 경쟁
• 준비물 : 훌라후프, 팀조끼, 발목밴드, 콩주머니

두 팀으로 나누어 2인3각으로 빙고 만들기를 먼저 완성하는 팀이 이기는 경쟁형 놀이입니다.

2인3각 빙고 달리기 활동 방법

1 바닥에 빙고판을 그리고, 두 팀으로 나눈다. 2명이 함께 한 주자가 된다.

은철쌤 깨알 꿀팁

3×3, 4×4 등 빙고판의 크기는 학급 상황을 고려해서 정한다. 팀조끼를 2가지 색상으로 준비하여 서로 구별할 수 있도록 한다. 2명이 발목을 연결하여 한 주자가 된다. 발목 연결은 스펀지 연결 도구 또는 발목밴드를 활용한다.

2 1번째부터 3번째 주자들에게는 콩주머니를 1개씩 준다. 주자들은 달려가 빙고를 만들기 위해 빙고판 한 구역에 콩주머니를 놓는다.

은철쌤 깨알 꿀팁

4번째 주자부터는 이미 놓인 콩주머니를 1개씩만 옮길 수 있도록 한다. 콩주머니를 동시에 같은 곳에 놓는 경우, 가위바위보를 통해 순서를 정한다. 한 구역에 2개의 콩주머니를 놓을 수 없다. 상대방의 콩주머니는 옮길 수 없다.

3 빙고를 먼저 만든 팀이 승리한다.

은철쌤 깨알 꿀팁

자기 팀의 콩주머니를 놓는 데만 몰두하면 단순히 콩주머니 3개를 빨리 놓는 팀이 승리하는 경우가 생길 수 있다. 이를 방지하기 위해, 서로 2번째 콩주머니부터 상대방을 견제해야 함을 알려 준다.
경기장의 크기를 키우고 칸과 공을 추가하여 오목 두기, 사목 두기로 변형하여 놀이할 수 있다.

높이뛰기 · 멀리뛰기

놀이 1

빈백 모으기

놀이 2

우리 팀을 따라와

빈백 모으기

• 활동 장소 : 교실 • 활동 인원 : 두 팀 경쟁 • 준비물 : 팀조끼, 빈백, 바구니

두 팀으로 나뉘어 네 걸음 뛰기를 하여 상대 팀보다 멀리 뛴 학생이 빈백을 가지고 와서 우리 팀 바구니에 넣는 놀이입니다.

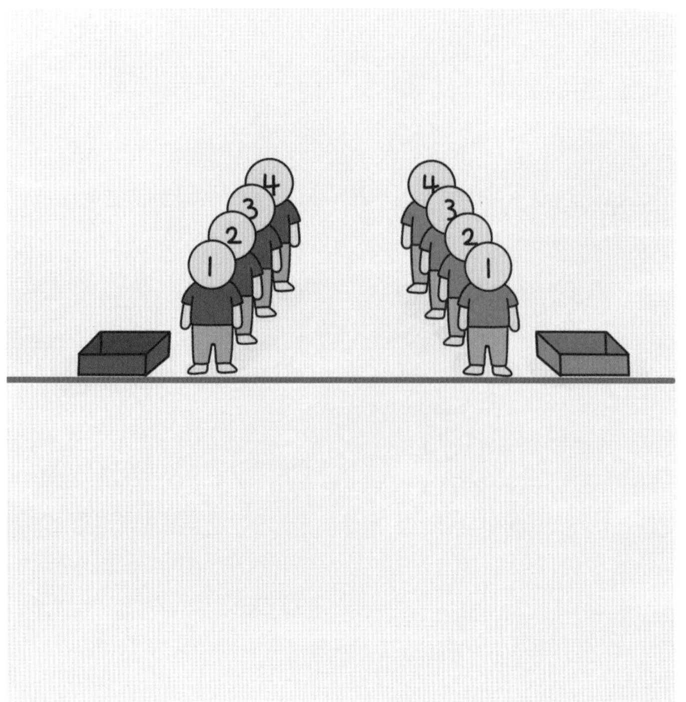

1 학급을 두 팀으로 나누고 팀조끼를 입는다. 팀별로 한 줄로 선다.

은철쌤 깨알 꿀팁

팀별로 신체접촉이 일어나지 않도록 적당한 거리를 두고 진행한다.
학급 학생 수가 홀수인 경우에는 1명 적은 팀의 학생이 한 번 더 실시하는 방법으로 진행한다.

2 교사의 신호와 함께 네 걸음 멀리뛰기를 하고, 더 멀리 뛴 학생이 빈백을 가지고 와서 팀 바구니에 넣는다.

은철쌤 깨알 꿀팁

놀이가 한 번 끝나면 신체 능력이 비슷한 학생끼리 짝을 이루도록 자리를 바꿔 준다.

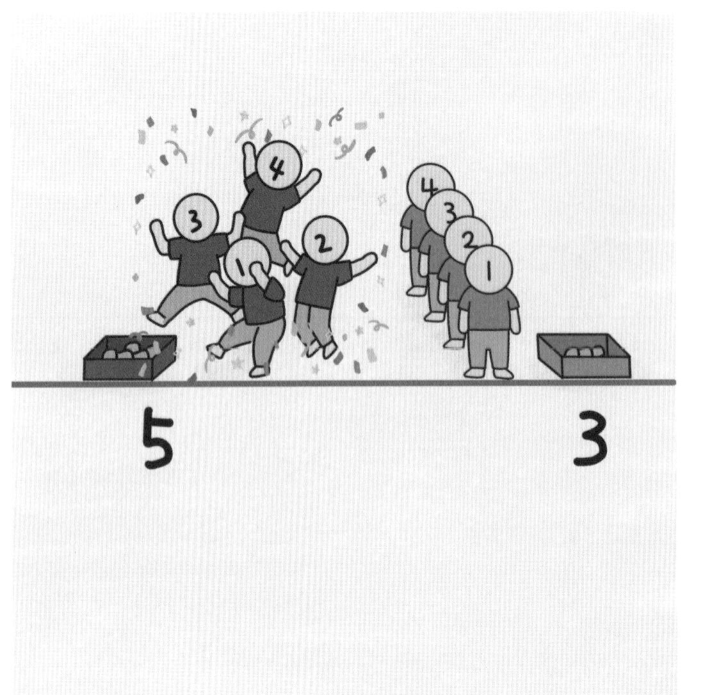

3 이 과정을 반복하여 더 많은 빈백을 모은 팀이 승리한다.

은철쌤 깨알 꿀팁

오른발로 뛰기, 왼발로 뛰기, 오른발 왼발 번갈아 뛰기, 모둠발 뛰기 등 조건을 바꿔서 다양하게 즐길 수 있도록 한다.

우리 팀을 따라와

• 활동 장소 : 강당/운동장　• 활동 인원 : 두 팀 경쟁　• 준비물 : 팀조끼, 훌라후프

이 활동은 두 팀으로 나뉘어 한 팀은 네 걸음 뛰기를 한 자리에 훌라후프를 놓아 길을 만들고, 다른 팀원들이 여기에 도전해 보는 놀이입니다.

우리 팀을 따라와 활동 방법

1 학급을 두 팀으로 나누고 팀조끼를 입는다. 한 팀의 학생들은 모두 훌라후프를 갖는다.

은철쌤 깨알 꿀팁

훌라후프 때문에 학생들이 미끄러져 다치는 경우가 있을 수 있으므로 대형 원마커, 미니 훌라후프 등을 활용할 수 있다.

2 출발 지점에서 한 학생이 네 걸음 뛰어서 훌라후프를 두고, 다음 학생은 그 위치에서 네 걸음 뛰어서 훌라후프를 둔다.

은철쌤 깨알 꿀팁

운동장 혹은 강당의 넓은 공간을 최대한 활용할 수 있도록 지도한다.
상대 팀 학생들이 순서를 헷갈리지 않도록 훌라후프 옆에 뛰었던 학생이 서 있도록 한다.

3 한 팀의 훌라후프가 모두 위치하면, 다른 팀 학생들이 1명씩 미션에 도전한다.

은철쌤 깨알 꿀팁

미션 : 상대 팀 학생들이 만들어 놓은 훌라후프 길을 네 걸음 뛰기를 활용해 성공하면 점수를 얻는다.

던지기

놀이 1

밀어내고 저 끝까지

놀이 2

콩주머니 빙고

밀어내고 저 끝까지

· 활동 장소 : 교실 · 활동 인원 : 모둠 · 준비물 : 콩주머니, 책상

책상을 붙여 게임할 공간을 만들고, 그 위에서 콩주머니를 손으로 밀어내 더 멀리 보내는 사람이 이기는 놀이입니다.

밀어내고 저 끝까지 활동 방법

1 3~4명의 학생이 모둠을 만들고 책상을 세로로 길게 이어 붙인다.

은철쌤 깨알 꿀팁

모둠끼리 한 번에 전체가 활동할 수 있는 이 게임은 모둠별 실시를 권장한다. 그렇지만 게임 말미에 책상을 교실 가운데에 길게 이어 붙이고 모둠 대표가 나와 토너먼트 형식으로 진행하는 방법도 있다.

2 가위바위보로 순서를 정하고, 차례대로 출발선에서 콩주머니를 손으로 밀어 보낸다.

은철쌤 깨알 꿀팁

이미 진출해 있는 콩주머니를 책상 바깥으로 밀어내거나(탈락) 앞으로 더 밀어주는 것도 인정하므로 순서가 매우 중요함을 학생들에게 알려 준다.

3 콩주머니가 아래로 떨어지면 탈락이다. 최종적으로 콩주머니를 가장 멀리 보낸 사람이 승리한다.

은철쌤 깨알 꿀팁

콩주머니가 아래로 떨어지면 탈락한다는 점을 이용하여 개인전이 아닌 팀 활동으로 진행할 수 있다. 2:2로 팀을 짠 후 먼저 진출해 있는 같은 팀의 콩주머니를 앞으로 더 밀어 주거나 다른 팀의 콩주머니를 쳐서 책상 아래로 떨어뜨리는 것으로 팀워크와 전략의 중요성을 배울 수 있다.

콩주머니 빙고

• 활동 장소 : 강당/운동장 • 활동 인원 : 두 팀 경쟁 • 준비물 : 콩주머니, 라인기

이 활동은 빙고판에 콩주머니를 던져 빙고를 먼저 만드는 팀이 승리하는 놀이입니다.

콩주머니 빙고 활동 방법

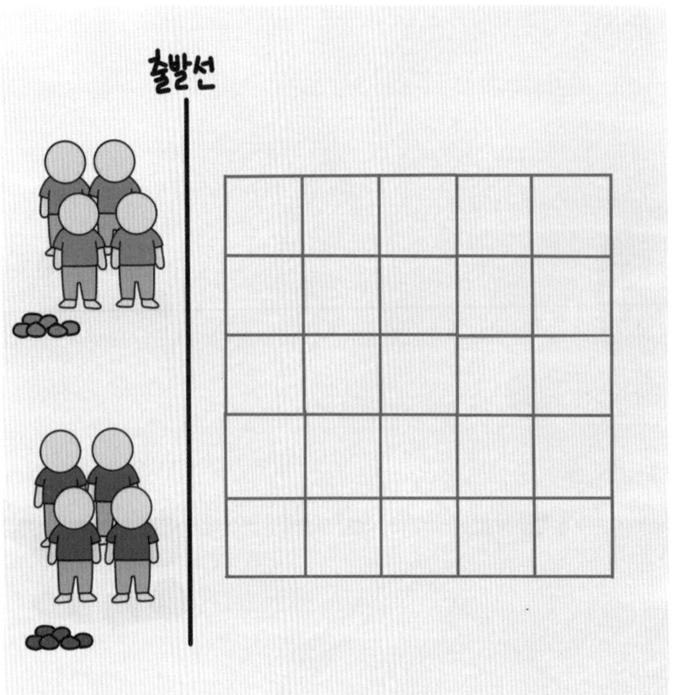

1 라인기를 이용하여 운동장 바닥에 5×5 빙고판을 그린다.

은철쌤 깨알 꿀팁

빙고판을 그릴 때 출발선도 그려 준다. 학생들의 던지기 능력이 부족하다면 사방으로 경계선을 그어 줄 수 있다. 학생들의 수준에 따라 3×3, 4×4 빙고로 조정할 수 있으며, 놀이 수업 전에 종이를 이용한 기존 빙고를 해 보면 이해에 도움이 된다.

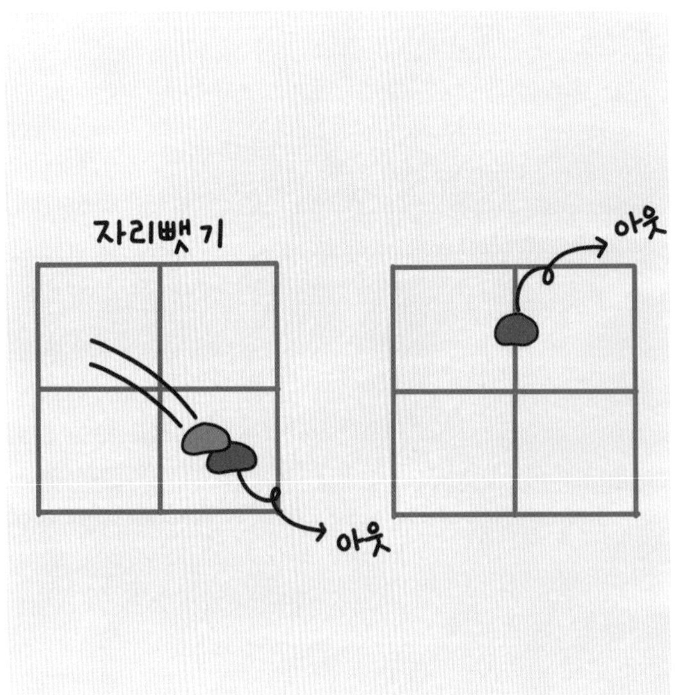

2 두 팀으로 나누어 팀 순서대로 차례로 콩주머니를 던진다. 다른 팀의 콩주머니가 있는 곳에 던져 상대편의 콩주머니를 빼내고 그 자리를 차지할 수 있다.

은철쌤 깨알 꿀팁

콩주머니가 빙고판을 벗어나거나 빙고선에 콩주머니가 닿으면 자신이 던진 콩주머니를 주워 오고 탈락하게 된다.

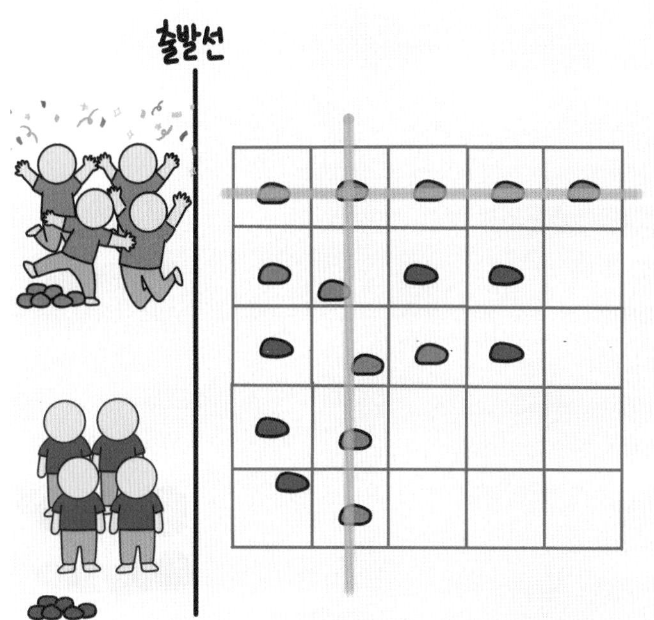

3 먼저 2빙고를 만든 팀이 승리한다.

은철쌤 깨알 꿀팁

2빙고 전에 콩주머니가 빙고판에 들어가지 않거나 빙고선에 걸쳐 탈락하는 학생들이 발생할 수 있으므로, 처음에는 1빙고부터 시작하여 학생들의 숙련도에 따라 단계를 조정한다.

3부

상상

단원 설명

통합교과서의 '상상' 단원은 체험으로 알게 된 것을 표현, 변형, 재창조함으로써 학생이 인간의 중요한 활동인 '상상'에 다가갈 수 있도록 합니다. '상상'은 경험을 토대로 이루어지며 아이들의 창의력과 문제 해결 능력을 키우는 중요한 요소입니다. 교과서에서는 상상력을 자극하는 다양한 이야기와 활동을 통해 창의적 사고를 촉진하며, 놀이를 변형함으로써 새로운 놀이를 만들도록 합니다. 따라서 이 책에서는 '상상'을 주제로 한 다양한 신체놀이와 게임을 통해 아이들에게 상상력을 발휘할 수 있는 경험과 기회를 제공합니다. 예를 들어, '동물 흉내내기' 놀이나 역할과 스토리를 가미한 '왕국대결' 같은 활동은 아이들이 신체를 사용하면서 창의적 사고를 개발할 수 있도록 합니다. 이러한 놀이 경험을 통해 아이들은 창의적 사고와 문제 해결 능력을 기를 수 있습니다.

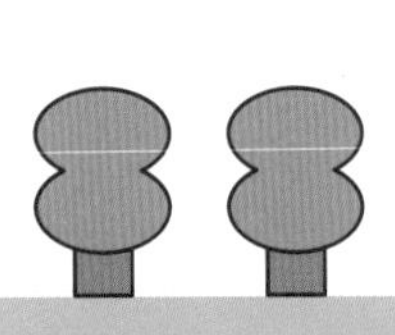

기본 움직임 요소	교실 놀이	강당이나 운동장 놀이
몸풀기	포즈 퍼즐 놀이	줄줄이 따라 해요
도구 활용	날아라! 솜털공	점보피라미드 쌓기
밀기 당기기 균형잡기	투명 평균대 가위바위보	완벽한 타이밍
	마법사 밸런스 게임	
걷기 달리기	신문 배달 놀이	신문지 2인3각 달리기
	이어라! 동물농장	뽑아라! 동물농장
	천하통일 가위바위보	지면 술래 가위바위보
	왕국 대결	왕 대 왕

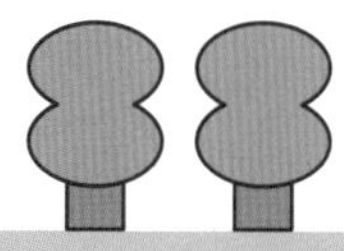

몸풀기

놀이 1

포즈 퍼즐 놀이

놀이 2

줄줄이 따라 해요

포즈 퍼즐 놀이

• 활동 장소 : 교실　　• 활동 인원 : 전체　　• 준비물 : 제시어

이 활동은 제시어에 맞는 동작을 취하고 제시어를 맞히는 놀이입니다.

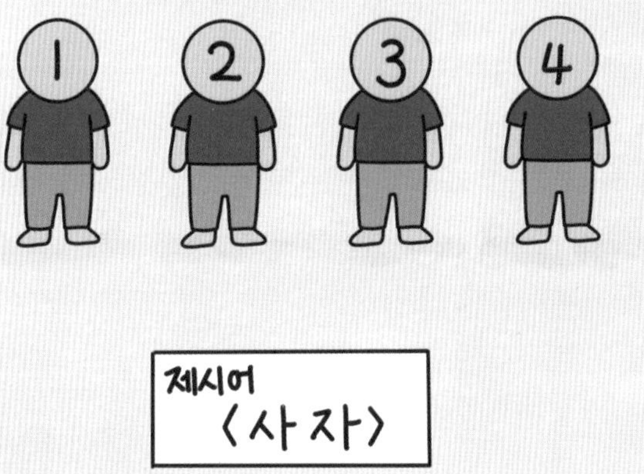

1 제시어를 몸으로 흉내 낼 모둠은 앞으로 나와 제시어를 확인한다.

은철쌤 깨알 꿀팁

제시어는 동물(곰, 사자, 펭귄 등), 스포츠(야구, 축구, 줄넘기 등)를 들 수 있다.

2 앉아 있는 학생들은 모둠 내에서 순서를 정하고 순서대로 눈을 뜨고 포즈를 확인한다.

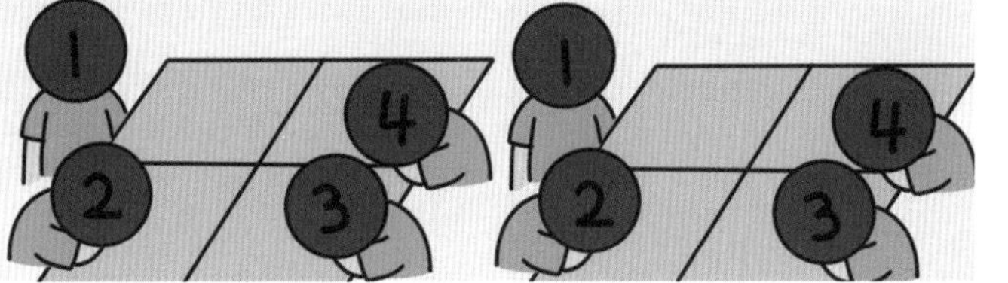

은철쌤 깨알 꿀팁

문제를 내는 1번 학생의 포즈를 문제를 맞히는 1번 학생이 확인하고, 2번-2번, 3번-3번, 4번-4번의 순으로 확인한다.

3 모든 모둠원이 제시어 포즈를 확인한 후 모둠원이 모여 상의해서 제시어를 유추한다.

은철쌤 깨알 꿀팁

다른 모둠이 들을 수 없도록 소곤소곤 대화하도록 안내한다.

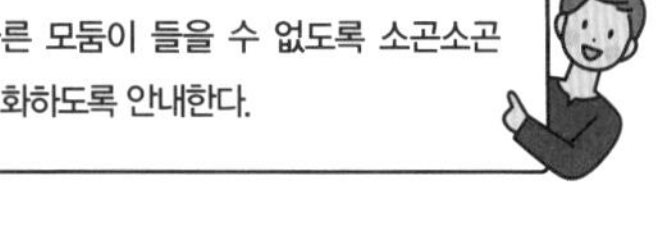

4 제시어 유추가 끝나면 모둠별로 화이트보드에 정답을 쓴다.

은철쌤 깨알 꿀팁

이 놀이는 '몸풀기' 요소에 중점을 두므로 정답을 유추하는 과정에서 적극적으로 참여한 학생에게 보너스 점수를 줄 수 있다.

줄줄이 따라 해요

• 활동 장소 : 교실/강당/운동장 • 활동 인원 : 전체 • 준비물 : 없음

이 활동은 넓은 공간에서 앞사람의 몸동작을 전달하는 놀이입니다.

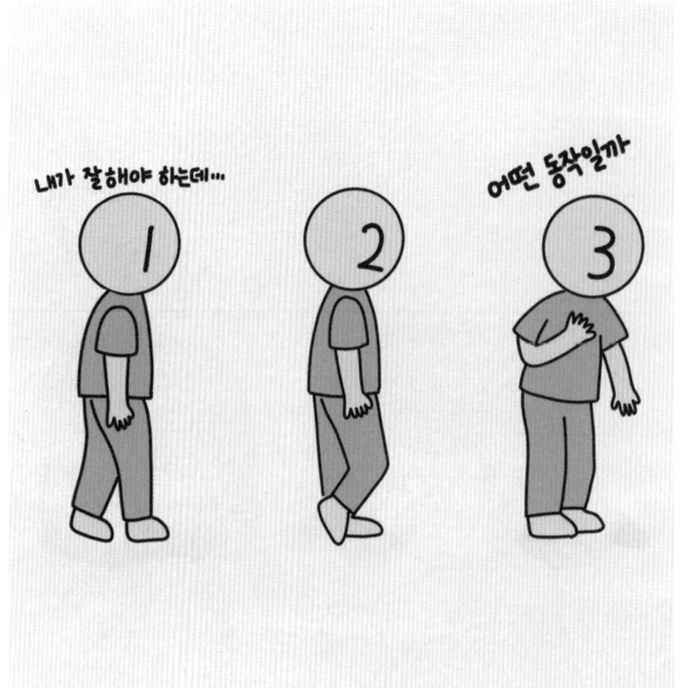

1 넓은 공간에서 간격을 두고 한 방향으로 선다.

은철쌤 깨알 꿀팁

본인 차례가 아닐 때는 뒤를 돌아보지 않도록 사전 안내한다.

2 술래가 맨 앞사람에게 달려가 재미있는 동작을 취한다.

은철쌤 깨알 꿀팁

술래는 멈춰 있는 동작, 춤 동작 등 다양한 포즈를 취할 수 있다.

3 동작을 익힌 사람은 다음 사람에게 달려가 동작을 전달한다.

은철쌤 깨알 꿀팁

동작을 전달하는 시간이 너무 길어지지 않도록 동작 전달하는 시간을 제한할 수 있다. 동작을 한 번 전달한 사람은 다른 사람이 동작을 전달할 때 말할 수 없다.

4 마지막 사람에게 동작이 전달되었을 때 술래와 동시에 포즈를 취하여 정답을 비교한다.

은철쌤 깨알 꿀팁

마지막 사람은 술래가 있는 곳으로 달려와 포즈를 취한다.

도구 활용

놀이 1

날아라! 솜털공

놀이 2

점보피라미드 쌓기

날아라! 솜털공

• **활동 장소 : 교실** • **활동 인원 : 두 팀 경쟁** • **준비물 : 솜털공, 스택스**

이 활동은 두 팀으로 나뉘어 솜털공을 던져 스택스컵을 맞추어 쓰러트리는 놀이입니다.

1 교실 책상을 밀고 두 팀으로 나누어 교실 바닥에 앉는다. 그리고 각 팀 앞에 다른 색의 스택스컵을 줄을 맞춰 놓는다.

은철쌤 깨알 꿀팁

학생들이 이해하기 쉽도록 스택스컵은 다른 색으로 준비하는 것이 좋다.
학생들이 자신의 위치를 벗어나지 않도록 교실 바닥에 종이테이프 등을 이용하여 선을 붙여 주면 좋다.

2 선공할 팀을 정하고, 각 팀이 번갈아가면서 솜털공을 던져 상대편 가까이 있는 컵을 맞춰 쓰러트리면 된다.

은철쌤 깨알 꿀팁

공을 던지다가 실수로 우리 팀 컵을 맞춰 쓰러트려도 상대 팀 점수로 인정한다.
솜털공을 사용하여 안전하지만, 상대방이 맞을 수도 있으므로 조심하여 던지도록 지도한다.
번갈아가면서 공을 던지기 때문에, 자리에 앉은 순서대로 공을 던지면 자기 순서를 기억하기 편하다.

3 공으로 컵을 맞추면, 쓰러진 컵은 바깥으로 빼놓는다. 그리고 모든 컵을 먼저 맞춰 쓰러트린 팀이 승리하게 된다.

은철쌤 깨알 꿀팁

시중에 판매하는 솜털공의 크기가 다양하므로, 학생들의 수준을 파악하여 공의 크기를 정하면 좋다. 학생들이 어려워하면 솜털공의 크기를 키우고, 쉬워한다면 작은 솜털공으로 진행하면 된다.

점보피라미드 쌓기

• 활동 장소 : 교실/강당　　• 활동 인원 : 3~5인 경쟁　　• 준비물 : 점보스택스

이 활동은 학생들을 3~5인으로 나누어 점보스택스를 뺏고 뺏기며 먼저 2층 피라미드를 만드는 사람이 승리하는 놀이입니다.

점보피라미드 쌓기 활동 방법

1 3~5인으로 나눈 후 가운데에 점보스택스를 사람 수+2만큼 모아 놓는다.

은철쌤 깨알 꿀팁

경기 시작 전 자기 자리의 책상에 손을 대고 선다. 컵의 수를 추가하거나 줄여서 난이도를 조절할 수 있다.

2 경기가 시작되면 경기장 가운데 있는 점보스택스를 가지고 와서 자기 책상에 쌓는다.

은철쌤 깨알 꿀팁

점보스택스는 한 번에 하나만 가지고 오도록 안내한다.

3 경기장 가운데 혹은 상대의 점보스택스를 가지고 와서 2층 피라미드를 쌓은 사람은 휴식을 취한다.

은철쌤 깨알 꿀팁

서로 뺏고 뺏기며 2층 피라미드를 쌓는다. 2층 피라미드를 쌓은 사람은 쉴 수 있고, 피라미드를 완성한 사람의 점보스택스를 가져갈 수 있다.

4 마지막까지 남은 1인은 다음 경기에 또 참여한다.

은철쌤 깨알 꿀팁

이 활동은 체력 소모가 심하므로 최대 연속 2회까지만 경기에 참여한다.

03

밀기 · 당기기 · 균형잡기

놀이 1

투명 평균대 가위바위보

놀이 2

완벽한 타이밍

놀이 3

마법사 밸런스 게임

투명 평균대 가위바위보

· 활동 장소 : 교실 · 활동 인원 : 두 팀 경쟁 · 준비물 : 라인테이프, 콘

이 활동은 직선 위에서 발을 이어 걸어가다 마주 오는 친구와 가위바위보를 하여 먼저 상대방 원마커에 도착하면 승리하는 놀이입니다.

1 라인테이프를 일자로 붙이고 양쪽 끝에 원마커를 둔 후 두 팀으로 나뉘어 선다.

은철쌤 깨알 꿀팁

라인테이프가 없다면, 콘이나 원마커 등으로 일자 라인을 표시해 주면 된다. 팀은 남학생 팀 여학생 팀으로 나누어도 되고 인원수가 맞지 않다면 첫 주자가 한 번 더 경기에 참여한다는 규칙을 추가해 준다.

2 양 팀에서 1명씩 발을 이어 붙이며 테이프 위를 걸어가다 만나면 가위바위보를 한다.

은철쌤 깨알 꿀팁

걸을 때는 뒷발과 앞발을 붙여서 이동하며 두 팔을 양쪽으로 뻗어 균형을 잡는다.

3 이긴 사람은 계속 발을 이어 붙이며 전진하고, 진 사람은 밖으로 나간 후 같은 팀에 합류하고, 다음 주자가 출발하며 놀이를 반복한다.

은철쌤 깨알 꿀팁

가위바위보를 하는 학생끼리는 발을 붙이지 않는다. 이긴 경우 몇 칸을 전진하는지 정함으로써 변형한 놀이를 할 수 있다. (예 : 가위 3발, 바위 2발, 보 1발 등.)

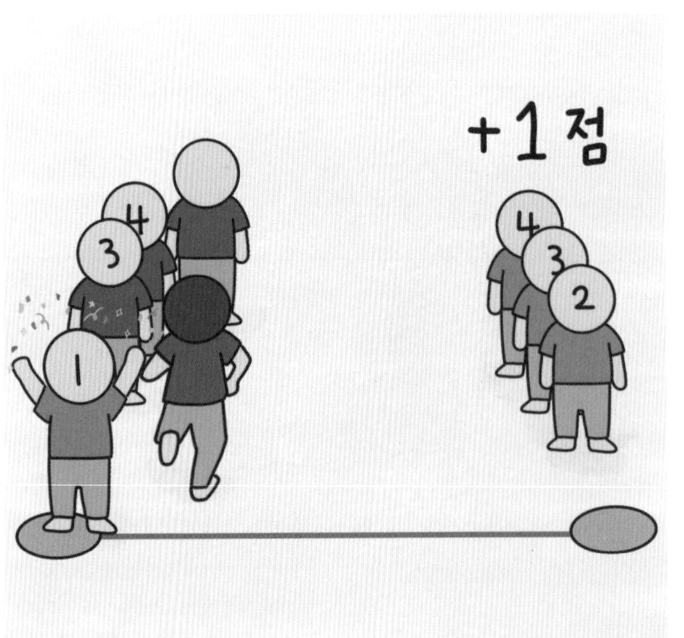

4 상대방 팀의 원마커까지 먼저 도착하면 팀이 1점을 획득한다. 모든 사람이 다 참여할 때까지 놀이를 반복한다.

은철쌤 깨알 꿀팁

모든 학생이 참여하지 않았는데 끝날 경우를 대비하여 원마커에 도착할 때마다 팀에게 1점을 부여하며 놀이를 반복한다.

완벽한 타이밍

• 활동 장소 : 강당/운동장 • 활동 인원 : 전체 • 준비물 : 평균대, 매트, 스톱워치

이 활동은 평균대 위에서 나만의 속도로 가면서 균형을 잡고 걷는 것에 익숙해지도록 하는 비경쟁형 놀이입니다.

1 설치 가능한 평균대의 개수에 맞추어 그룹을 나눈다.

은철쌤 깨알 꿀팁

평균대를 여러 개 설치할 수 있으면 학생들의 실제 활동 시간을 확보할 수 있다.

2 선생님이 시간(30초)을 말하고 측정하면, 학생들은 속으로 초를 세면서 평균대 위를 걸어간다.

은철쌤 깨알 꿀팁

시간은 선생님이 자유롭게 바꿀 수 있다. (예 : 15초, 20초, 40초 등.)
학생들이 모두 평균대에 올라서서 걸어갈 준비가 되면 타이머를 눌러 시간을 측정한다.

3 본인이 30초가 지났다고 생각하는 타이밍에 평균대에서 조심히 내려온다.

은철쌤 깨알 꿀팁

시간 내에 평균대의 끝까지 걸어가는 것이 목표가 아니라, 나의 속도에 맞추어 균형을 잡고 걷는 것이 목표임을 계속해서 지도한다. 얼마만큼 평균대에서 많이 이동했는지는 중요하지 않다.
만약 시간 내에 평균대의 끝에 도착했다면, 속으로 시간을 더 세다가 내려오도록 한다. 평균대에서 내려올 때는 무릎을 굽혀 충격을 흡수하도록 한다.

4 가장 정확한 타이밍에 평균대에서 내려온 사람이 승리!

은철쌤 깨알 꿀팁

균형을 잃어 평균대에서 떨어지면, 평균대에서 내려온 것으로 간주한다. 스톱워치의 랩 기능을 활용하여 학생들이 평균대에서 내려오는 순서대로 기록한다.

마법사 밸런스 게임

• 활동 장소 : 교실/강당/운동장 • 활동 인원 : 전체 • 준비물 : 원마커, 빈백

이 활동은 학생들이 마법사의 동작을 따라 하며 빈백을 몸에 최대한 많이 올려놓거나 오래 버티는 놀이입니다.

1 2명 또는 3명이 모둠이 되고, 반에서 마법사가 될 친구를 뽑는다. 모둠에서 1명은 마법사의 동작을 따라 한다.

은철쌤 깨알 꿀팁

마법사 역할은 돌아가면서 하도록 한다. 마법사를 따라 하는 학생의 역할도 돌아가면서 바꿔 준다.

2 모둠에서 1명이 마법사의 동작을 따라 하면 나머지 학생들이 빈백 1개를 올려 주고, 동작을 따라 한 학생은 제한시간 동안 균형을 잡는다.

은철쌤 깨알 꿀팁

마법사의 동작을 따라 한 뒤 빈백을 올려놓고 균형을 잡는 시간을 학생의 수준에 맞게 정한다. 마법사가 다양한 동작을 할 수 있도록 사전 연습 시간을 충분히 준다.

3 활동에 익숙해지면 제한시간 동안 빈백을 최대한 많이 올려놓으며 균형을 잡는다.

은철쌤 깨알 꿀팁

빈백이 떨어지면 다시 주워서 올려놓기를 반복하고, 제한시간이 지나면 몸 위에 있는 빈백의 개수를 세어 점수를 준다.

걷기 · 달리기

놀이 1

신문 배달 놀이

놀이 2

신문지 2인3각 달리기

놀이 3

이어라! 동물농장

놀이 4

뽑아라! 동물농장

놀이 5

천하통일 가위바위보

놀이 6

지면 술래 가위바위보

놀이 7

왕국 대결

놀이 8

왕 대 왕

신문 배달 놀이

- 활동 장소 : 교실
- 활동 인원 : 두 팀 경쟁/전체
- 준비물 : 신문지

이 활동은 신체 여러 부위에 신문지를 얹은 채 떨어트리지 않고 반환점을 돌아오는 릴레이 경기입니다.

신문 배달 놀이 활동 방법

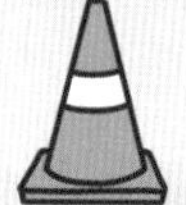

1 학생들을 두 팀으로 나누고, 반환점을 놓아 릴레이 달리기 준비를 한다.

은철쌤 깨알 꿀팁

책걸상은 교실의 양옆으로 정리하고, 바닥에 출발선을 그린 후 학생들을 출발선 뒤에 일렬로 서게 한다. 1번 주자는 머리 위에 두 번 접은 신문지 1장을 얹어 놓고 출발 준비를 한다.

2 머리 위에 얹어 놓은 신문지가 떨어지지 않도록 조심하며 반환점을 돌아온다.

은철쌤 깨알 꿀팁

신문지가 떨어지지 않도록 속도를 조절하며 달려야 하므로 공간이 넓지 않은 교실에서 하기에도 부담스럽지 않다. 달리다가 중간에 신문지를 떨어트리면 다시 신문지를 머리 위에 올리고 3초를 센 후 출발해야 한다.

3 다음 주자는 앞 주자가 머리 위에 신문지를 놓아 주면 출발한다.

은철쌤 깨알 꿀팁

신문지를 얹는 신체 부위를 머리-손바닥-손등으로 바꾸어 가며 같은 방식으로 릴레이 달리기를 할 수 있다.
또한 등에 얹어 네 발 기어가기, 무릎 사이에 끼우고 두 발 모아 뛰기처럼 달리기의 방법을 변형하여 이어달리기를 할 수도 있다.

4 두 팀의 경쟁이 아닌 반 전체의 협동 달리기로 변형할 수 있다.

은철쌤 깨알 꿀팁

팀을 나누지 않고 반 전체가 하나의 팀이 되어 릴레이 달리기를 하면서 시간을 점차 줄여 가는 방식으로 협동 신문지 얹어 이어달리기를 할 수 있다.

신문지 2인3각 달리기

• 활동 장소 : 강당/운동장　　• 활동 인원 : 두 팀 경쟁　　• 준비물 : 신문지

이 활동은 2명씩 짝을 지어 신문지에 만든 2개의 구멍에 머리를 넣고 찢어지지 않게 조심하며 빠르게 반환점을 돌아오는 팀이 승리하는 경쟁형 놀이입니다.

신문지 2인3각 달리기 활동 방법

1 신문지를 접고 오려 머리를 넣을 구멍을 만든다.

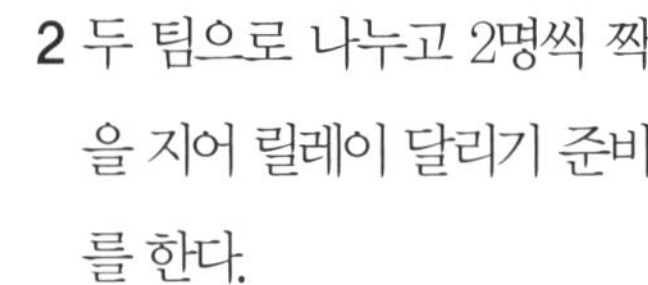

은철쌤 깨알 꿀팁

신문지 한 장을 두 번 접어 안쪽 가운데 부분을 가위로 오린 후 펴면 원 2개가 생긴다. 신문지를 자를 때 크게 자르면 움직이기는 편하지만 그만큼 찢어지기 쉽다. 이런 점에 유의하며 원을 적절한 크기로 오려 만든다. 찢어질 경우를 대비하여 신문지는 넉넉하게 준비한다.

2 두 팀으로 나누고 2명씩 짝을 지어 릴레이 달리기 준비를 한다.

은철쌤 깨알 꿀팁

출발선에 선 두 사람이 2개의 구멍에 각각 머리를 넣고 어깨를 맞대어 서서 달릴 준비를 한다. 이때 팀의 모든 주자가 미리 신문지에 머리를 넣고 준비하도록 한다. 그러면 시간도 단축할 수 있고 다음 주자들에게 신문지를 넘겨주다 찢어지는 상황을 방지할 수 있다.

3 신문지가 찢어지지 않도록 조심하며 반환점을 돌아와 다음 주자와 터치한다. 모든 주자가 반환점을 먼저 돌아오는 팀이 승리한다.

은철쌤 깨알 꿀팁

달리다가 신문지가 찢어지면 바로 경기장 밖으로 나와 새로운 신문지로 바꾼 후, 팀의 맨 뒤에 서서 다시 달릴 준비를 한다. 그리고 앞 주자들이 경기장 밖으로 나가면 다음 주자 친구들은 터치 없이 출발하여 달리기를 이어 한다.

4 여러 가지 방법으로 신문지 달리기를 한다.

변형 놀이

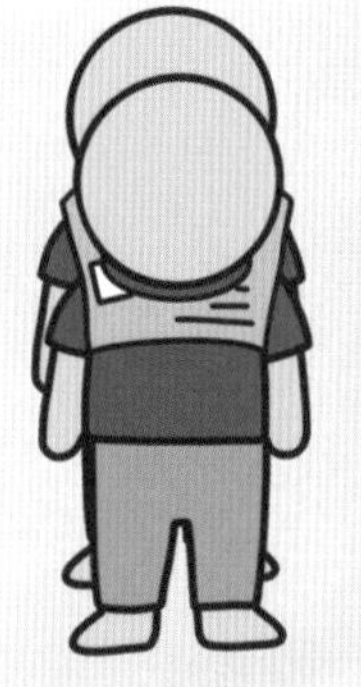

앞뒤로 서기

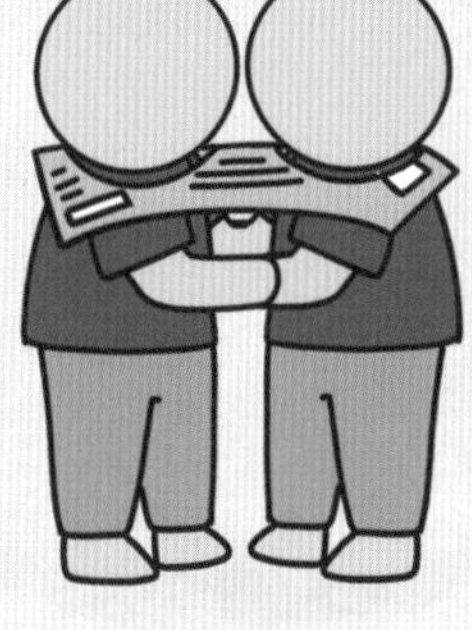

마주 보기

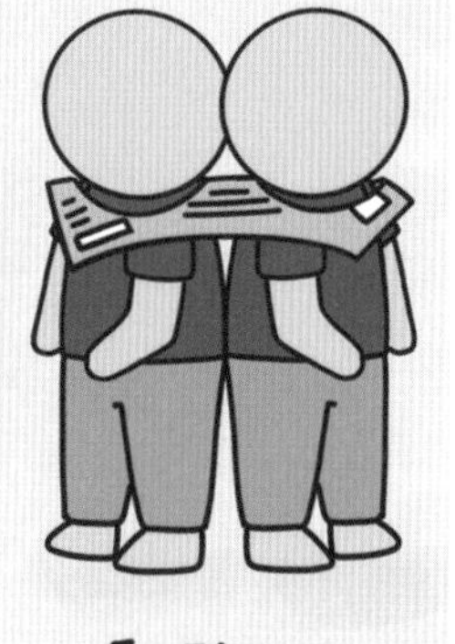

등 맞대기

은철쌤 깨알 꿀팁

함께 달리는 짝으로 서로 키가 비슷한 친구와 맺어 주고 달릴 때 짝과 손을 잡도록 하면 호흡을 맞추기가 좀 더 쉬워져 신문지가 찢어지는 확률을 줄일 수 있다. 학생들의 수준에 따라 어깨 맞대기–앞뒤로 서기–서로 마주 보기등 맞대기 순으로 변형하여 달리기를 해도 좋다.

이어라! 동물농장

• 활동 장소 : 교실 • 활동 인원 : 전체 • 준비물 : 없음

이 활동은 다른 사람과 가위바위보를 해서 동물 흉내를 내고 맞추며 즐기는 놀이입니다.

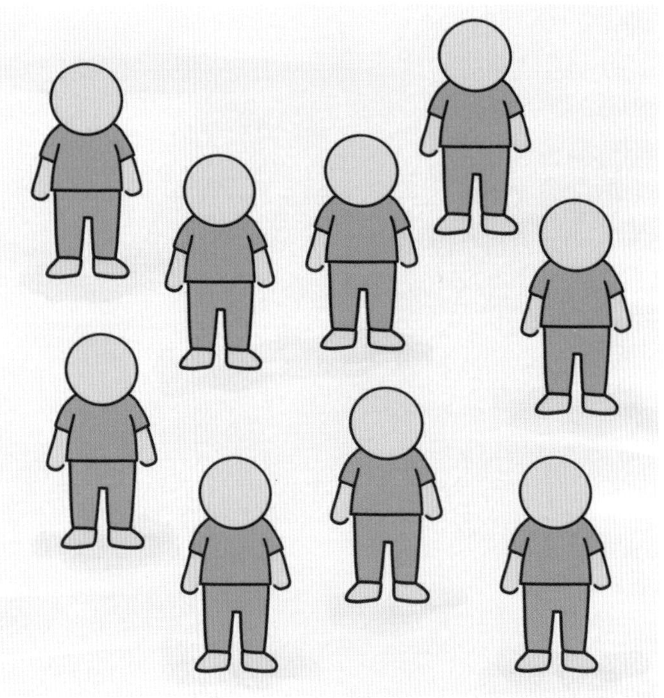

1 친구들과 교실을 자유롭게 돌아다닌다.

은철쌤 깨알 꿀팁

뛰지 않고 걸어 다니며 친한 친구와 몰려다니지 않도록 놀이 전 미리 함께 약속한다.

2 걷다가 친구와 만나면 가위바위보를 한다.

은철쌤 깨알 꿀팁

돌아다니던 친구가 나의 어깨나 등을 치면 반드시 가위바위보를 해야 한다.

3 이긴 친구는 동물 흉내와 소리를 내고 진 친구는 똑같이 따라 하며 뒤를 따라다닌다.

은철쌤 깨알 꿀팁

놀이를 하기 전에 모든 친구들이 돌아가면서 동물 흉내를 내 보는 시간을 가지면 좋다.

4 우리 반이 하나의 동물로 한 줄이 될 때까지 반복한다.

은철쌤 깨알 꿀팁

줄의 제일 앞에 있는 학생끼리 가위바위보를 해서 진 팀이 모두 뒤로 가서 붙으면서 반 전체가 한 줄이 될 때까지 반복한다.

뽑아라! 동물농장

• 활동 장소 : 강당/운동장 • 활동 인원 : 두 팀 경쟁 • 준비물 : 뽑기통, 동물 이름 종이

이 활동은 두 팀으로 나누어 동물 표현을 하면서 이어달리기를 하는 놀이입니다.

뽑아라! 동물농장 활동 방법

1 뽑기통 안의 동물을 어떻게 표현하면 좋을지 다 같이 정한다.

은철쌤 깨알 꿀팁

다양한 의견을 수용하는 분위기를 만들고 가장 이동이 자유로우면서도 동물 표현이 잘되는 동작을 채택하도록 한다.

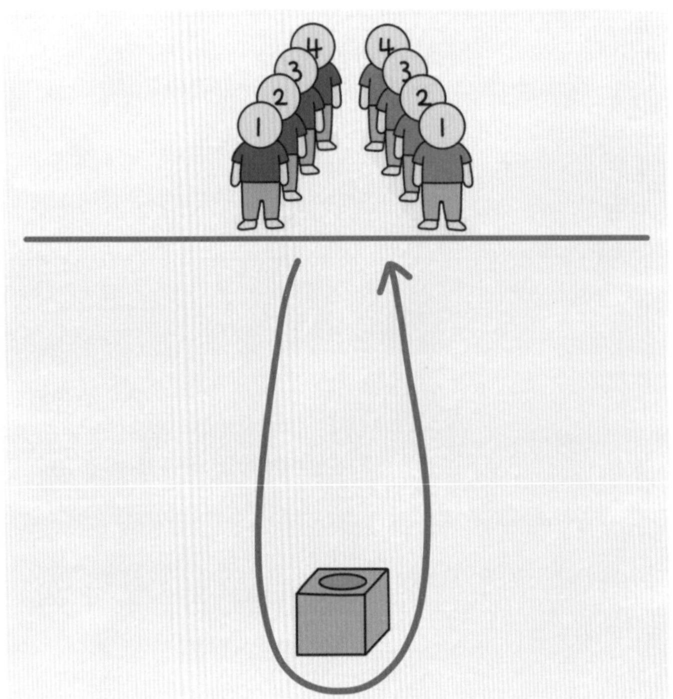

2 두 팀으로 나눠 주자를 정하고 달리기 라인에 서서 선생님의 구호에 맞춰 출발한다.

은철쌤 깨알 꿀팁

팀은 남녀로 나누어도 되고 모둠별로 나누어도 된다. 호각 소리에 맞추어 달려간다.

3 선생님의 구호에 맞춰 달리기를 시작하다가 반환점에 있는 뽑기통에서 한 장을 뽑는다.

은철쌤 깨알 꿀팁

달리기 실력도 중요하지만 뽑기통에서 어떤 동물을 뽑느냐에 따라 승패가 갈릴 수 있는 운의 요소가 섞인 놀이이다. 아이들이 끝까지 최선을 다할 수 있도록 독려해 준다.

4 뽑기통에서 뽑은 동물에 대해 함께 정한 약속대로 움직이며 다음 주자와 손터치를 한다.

은철쌤 깨알 꿀팁

약속한 동물 흉내를 잘 낼 수 있도록 동물의 수를 점차 늘려 가는 것이 좋으며, 빨리 들어오는 것보다 흉내 내는 것에 재미를 느낄 수 있도록 분위기를 조성한다.

천하통일 가위바위보

• 활동 장소 : 교실 • 활동 인원 : 전체 • 준비물 : 없음

이 활동은 가위팀, 바위팀, 보팀으로 나뉘어 다른 팀을 찾아가 가위바위보를 하고, 진 팀이 이긴 팀으로 들어가면서 결국 하나의 팀으로 천하통일하는 놀이입니다.

1 가위바위보로 팀을 정한다. 가위를 내면 가위팀, 바위를 내면 바위팀, 보를 내면 보팀이 된다.

은철쌤 깨알 꿀팁

놀이의 시작을 알리고 놀이의 재미를 더하기 위해 다 함께 "가위, 바위, 보"를 외치며 가위바위보를 한다. 처음 하는 가위바위보는 가위바위보 승부와는 관련이 없고 가위, 바위, 보 중 하나를 선택하는 과정이다. 팀끼리 모이지 않고 그 자리에서 놀이를 시작한다.

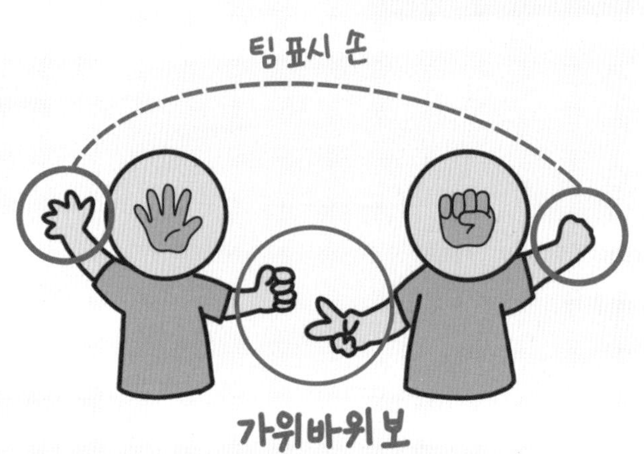

2 가위, 바위, 보 중 자기 팀 손 모양을 한 후 다른 팀 친구를 찾아가 가위바위보를 한다.

은철쌤 깨알 꿀팁

서로 팀을 확인할 수 있도록 모두가 한 손을 번쩍 들어 자기 팀 손 모양을 한 채 놀이에 참여한다. 다른 팀 친구를 만났을 때는 팀 표시를 하고 있는 손을 그대로 든 상태에서 다른 한 손으로 가위바위보를 하여 승패를 정한다.

3 이기면 팀을 그대로 유지하고 지면 상대 팀의 손 모양으로 바꿔 활동한다.

은철쌤 깨알 꿀팁

자기 팀 손 모양으로 천하통일하려는 욕심에 가위바위보를 하지 않고 도망 다니는 등 규칙을 지키지 않는 친구들이 생길 수 있다. 이런 경우 자기 팀과 다른 손 모양의 팀 중 수가 더 많은 팀으로 바로 바꾸게 하는 규칙을 놀이 시작 전에 미리 정하면 좋다.

4 모두가 같은 팀이 될 때까지 다른 팀을 찾아가 가위바위보를 계속한다.

은철쌤 깨알 꿀팁

팀의 승리보다 모두가 같은 팀이 되는 천하통일을 이루는 데 의미를 두고 참여하게 하면 더 재미를 느낄 수 있다. 원활한 진행을 위해 제한시간을 두고 시간 내에 천하통일이 되지 않는다면 가장 많은 팀을 확인하는 정도에서 마무리하는 것도 좋다.

지면 술래 가위바위보

• 활동 장소 : 강당/운동장　　• 활동 인원 : 전체　　• 준비물 : 풍선

이 활동은 술래를 피해 달아나다가 술래에게 잡혔을 때 술래와 가위바위보를 해서 지면 술래가 되는 술래잡기 놀이입니다.

지면 술래 가위바위보 활동 방법

1 술래를 정한 후 술래는 풍선을 들고 나머지 친구들은 흩어져 선다.

은철쌤 깨알 꿀팁

공간이 넓어 술래가 친구들을 잡기가 너무 어려우면 술래도 나머지 친구들도 재미가 없다. 운동장 아무 곳으로 도망 다니면 안전사고 발생 위험이 있으므로 고깔 등으로 제한 구역을 정해 두면 좋다. 술래가 꼭 1명일 필요는 없으며 참여 인원수에 따라 술래 수를 늘리거나 줄여 재미를 더한다.

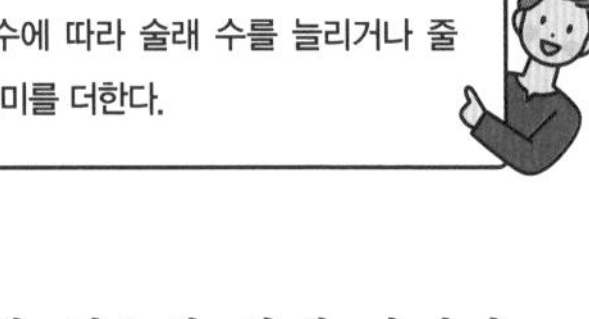

2 시작 신호와 함께 나머지 친구들은 도망가고 술래는 풍선을 들고 친구들을 터치하러 다닌다.

은철쌤 깨알 꿀팁

놀이의 특성상 술래가 계속 바뀐다. 술래가 풍선을 들고 이동함으로써 술래를 쉽게 알아볼 수 있다. 손이나 다른 도구로 하는 것보다 풍선을 활용하면 태그할 때 아프지 않다.

3 술래가 풍선으로 터치한 친구는 술래와 가위바위보를 하고, 술래에게 지면 다음 술래가 된다.

은철쌤 깨알 꿀팁

술래가 바뀌면 풍선을 다음 술래에게 건네준다. 잡힌 친구가 술래를 이기면 술래는 바뀌지 않는다. 풍선 대신 팀조끼 등을 활용하여 나머지 친구들이 팀조끼를 꼬리처럼 뒤에 꽂고 술래가 꼬리를 뽑으면 가위바위보를 하는 방법으로 진행해도 좋다. 이때 술래가 되는 사람들은 나머지 친구들과 구분되기 위해 팀조끼를 입고 놀이에 참여한다.

4 가위바위보를 한 후 술래는 다섯을 세고 다시 친구들을 잡으러 다닌다.

은철쌤 깨알 꿀팁

술래가 가위바위보를 한 친구를 바로 터치할 수 없게 가위바위보를 한 후 술래는 반드시 다섯까지 세고 움직인다. 익숙해지면 규칙을 추가하여 술래가 나머지 친구 중 1명의 이름을 세 번 부르면 자기 이름을 들은 사람은 그때 반드시 다섯 걸음을 걸어서만 이동한 후 될 수 있도록 해도 좋다. 단 이 규칙은 술래에게 유리하므로 술래의 수를 원래보다 줄여서 활용한다.

왕국 대결

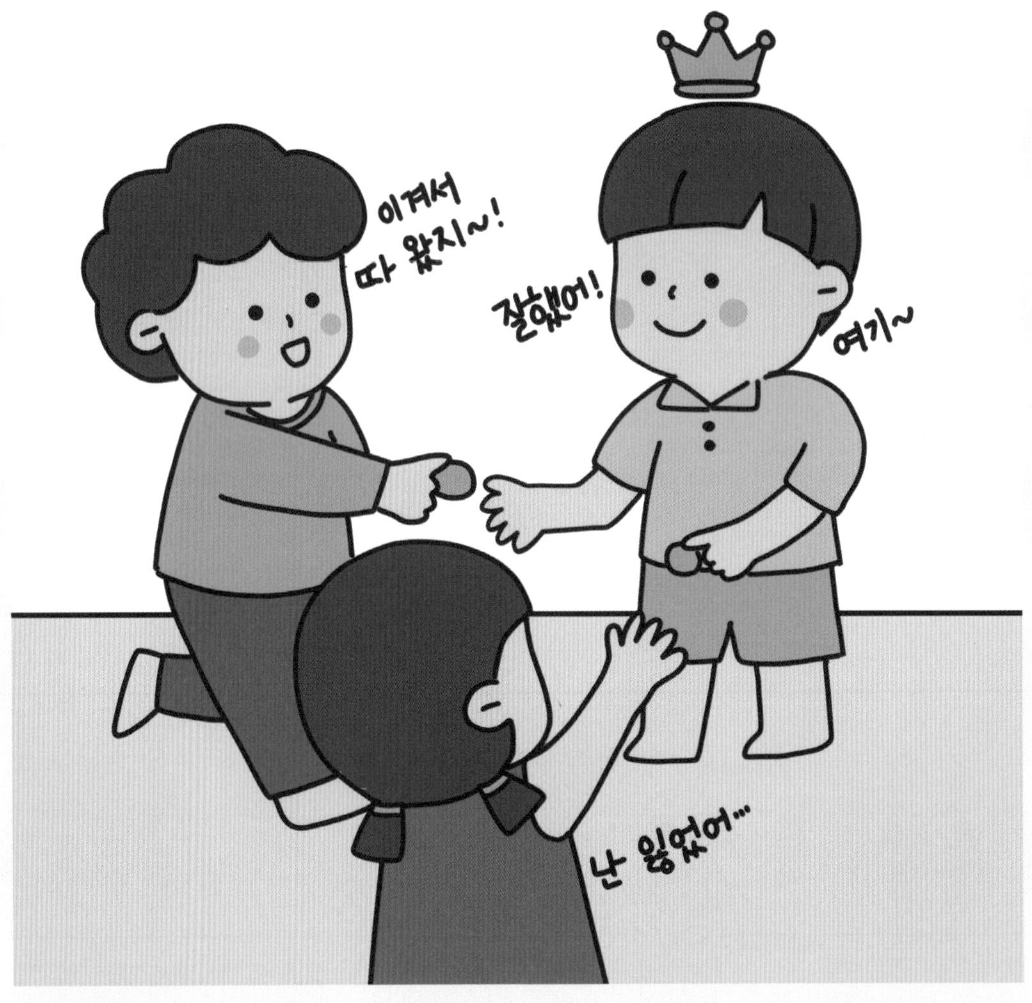

• 활동 장소 : 교실　　• 활동 인원 : 두 팀 경쟁　　• 준비물 : 공깃돌, 팀조끼

이 활동은 두 왕국으로 나누어 왕국마다 1명의 왕을 정하고, 백성들이 각 왕국의 공깃돌을 더 많이 모으는 경쟁형 놀이입니다.

1 두 왕국으로 나누고, 왕을 1명씩 정한다. 교실을 반으로 나누어 영토로 삼고, 왕들은 양 끝에 선다.

은철쌤 깨알 꿀팁

반 전체를 두 팀(왕국)으로 나누어 왕을 1명씩 정한다. 왕은 교사가 평소 놀이에 소극적인 학생, 또래와 어울리기 힘든 학생으로 직접 선정할 수도 있고, 원하는 학생들이 돌아가며 역할을 맡게 할 수도 있다. 재미를 위해 1대 왕, 2대 왕, 3대 왕으로 불러도 좋다.

2 왕은 '백성 수×2'만큼의 공깃돌을 두 손에 담고 있고, 백성들은 공깃돌을 하나씩 받는다.

은철쌤 깨알 꿀팁

왕은 자신의 영토 끝에 서서 백성들에게 공깃돌(재산)을 나눠 주고 거둬들이는 역할을 한다. 맨 처음, 왕은 '백성 수×2'만큼의 공깃돌을 가지고 있고, 백성들은 하나씩 공깃돌을 받아 간다. 이때, 두 왕은 똑같은 수의 공깃돌을 가지고 시작해야 한다.

3 백성들은 가운데에서 다른 왕국의 백성과 만나 가위바위보를 한다.

은철쌤 깨알 꿀팁

두 왕국의 영토가 만나는 지점, 즉 국경지대에서 백성들은 다른 왕국의 백성을 만나 가위바위보를 한다. 가위바위보 요청이 들어오면 피할 수 없다.

4 가위바위보에서 이기면 상대편 공깃돌을 넘겨받아 왕에게 바치고, 지면 왕에게 돌아가 공깃돌 하나를 다시 받아 간다.

은철쌤 깨알 꿀팁

백성들이 자신의 손에 쥐고 돌아다닐 수 있는 공깃돌의 수는 1개뿐이다. 따라서 진 사람의 손에는 아무것도 남아 있지 않으므로 재빠르게 자신의 왕에게 돌아가 공깃돌 하나를 다시 받아 와야 한다. 이 활동은 제한시간(3~5분) 안에 더 많은 재산을 모으는 왕국이 이기는 놀이이다.

왕 대 왕

• 활동 장소 : 강당/운동장 • 활동 인원 : 두 팀 경쟁 • 준비물 : 펀스틱 또는 풍선

이 활동은 학생들을 두 팀으로 나누어 각기 1명의 왕을 정하고, 먼저 다른 왕을 치면 이기는 경쟁형 놀이입니다.

왕 대 왕 활동 방법

1 5~6명씩 한 팀을 만들고 1명을 왕으로 정한다. 왕은 자기 팀의 원 안에 들어간다.

은철쌤 깨알 꿀팁

왕을 제외한 학생들이 손을 잡아 원을 만들어야 하므로 팀당 최소 5명이 필요하다. 학급 학생 모두가 한 번에 활동하기를 원한다면, 전체를 절반으로 나누고 왕을 2명씩 정해도 된다. 다만 원의 크기가 커지면 얽히는 학생 수가 많아지니 서로 부딪히거나 발등이 밟히는 등의 안전사고에 유의해야 한다.

2 왕이 펀스틱으로 다른 팀의 왕을 먼저 치면 이기는 놀이다. 단 머리를 치면 무효.

은철쌤 깨알 꿀팁

안전사고를 예방하기 위해 도구는 펀스틱이나 풍선을 활용한다. 펀스틱이나 풍선으로 다른 팀의 왕을 먼저 치면 이긴다. 이때 머리를 치면 무효다. 의도적으로 머리 부분 치지 않기, 그러나 놀이 중에는 의도하지 않아도 머리가 맞을 수 있으니 서로 이해하기 등을 사전에 지도한다.

3 팀원들은 빠르게 걷거나 뛰면서 왕이 움직일 수 있게 해 준다. 손이 풀리면 상대 팀이 이긴다.

은철쌤 깨알 꿀팁

세 팀 이상으로 수를 늘려서 진행할 경우 아웃된 팀은 자신을 아웃시킨 팀에 흡수되어 팀의 크기를 키우고 놀이를 계속할 수 있다.

4부

이야기

단원 설명

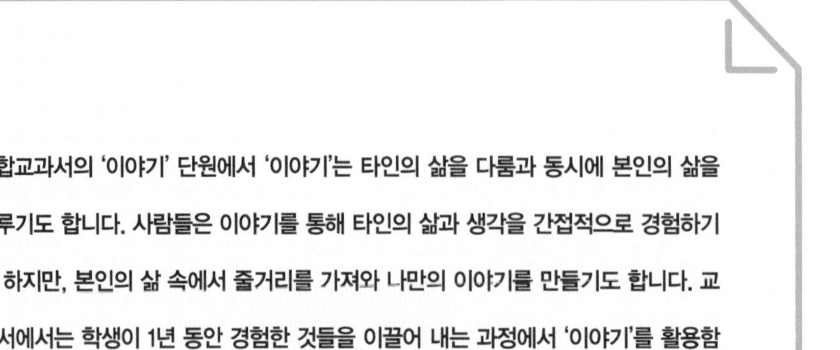

통합교과서의 '이야기' 단원에서 '이야기'는 타인의 삶을 다룸과 동시에 본인의 삶을 다루기도 합니다. 사람들은 이야기를 통해 타인의 삶과 생각을 간접적으로 경험하기도 하지만, 본인의 삶 속에서 줄거리를 가져와 나만의 이야기를 만들기도 합니다. 교과서에서는 학생이 1년 동안 경험한 것들을 이끌어 내는 과정에서 '이야기'를 활용함으로써 전시회, 노래, 춤, 인형극 등 공연의 형태로 나만의 이야기를 만드는 학급 구성원 간 협력의 경험을 제공합니다. 따라서 이 책에서는 '이야기'를 주제로 아이들이 의사소통하고 협력하며 신체활동을 하는 기회를 제공합니다. 예를 들어, 서로 의사소통하며 공통점과 차이점을 찾아내는 '모여라 기차놀이', 서로 협력하는 '칙칙폭폭 술래잡기' 등의 활동은 아이들에게 신체와 의사소통 능력을 결합한 종합적 신체활동 학습 경험을 제공합니다. '이야기' 단원을 통해 아이들은 다양한 경험을 공유하고 협력하여 자신만의 이야기를 만들어 갈 수 있습니다.

기본 움직임 요소	교실 놀이	강당이나 운동장 놀이
몸풀기	다 함께 림보!	코브라 거꾸로 림보
도구 활용	뜨거운 고구마 놀이	스쿱 릴레이
밀기 당기기 균형잡기	그대로 멈춰라	호루라기 술래잡기
	콩콩 색판 뒤집기	집을 차지하라
걷기 달리기	도전! 이어 걷기	칙칙폭폭 술래잡기
	찾아라 기차놀이	모여라 기차놀이
	대결! 술래잡기	이번 역은 보물섬!
던지기 치기 차기	복불볼링	봄버맨 볼링

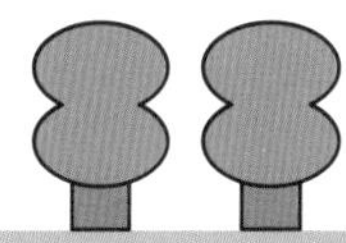

몸풀기

놀이 1

다 함께 림보!

놀이 2

코브라 거꾸로 림보

다 함께 림보!

• 활동 장소 : 교실/강당 • 활동 인원 : 2인 1조 • 준비물 : 매트, 림보세트

이 활동은 기본 림보 놀이와 동일한 방식이나, 짝과 함께 단계별 협동 동작을 하는 것으로 변형한 놀이입니다.

1 출발선에서 교사가 "2명, 어깨동무"라고 외치면 학생들은 2명씩 짝을 지은 후, 1단계 동작을 하며 림보를 지나간다.

은철쌤 깨알 꿀팁

단계별 협동 동작은 교사가 사전에 정해 단계마다 학생들에게 안내한다.
먼저 통과한 학생은 모든 학생이 통과할 때까지 출발선으로 돌아와 다시 참여할 수 있다. 다시 참여할 때는, 짝을 바꾸도록 하면 소외되는 학생 없이 다 함께 어울리며 활동을 진행할 수 있게 된다.

2 모든 학생이 1단계를 통과했다면, 교사는 2단계에 해당하는 학생 수와 동작을 외친다. (예 : 2명 어깨 누르기!)

은철쌤 깨알 꿀팁

학생들이 돌아가면서 짝이 되어 1단계를 했다고 판단이 되면, 난이도가 더 높은 동작을 제시하면 된다. 림보의 높이와 단계별 동작은 학생들의 수준에 따라 자유롭게 조절할 수 있다. (동작 목록 : 3명 팔짱 끼기 / 2명 공을 들고 넘어가기 / 2명 양 두 손 맞잡아 옆구리 늘리기)
학생들이 모두 만나는 기회를 늘리기 위해 '한 번 했던 친구와는 한 라운드 건너뛰고 함께하기' 같은 규칙을 넣을 수 있다.

3 모든 학생이 2단계를 통과했다면, 교사는 다음 단계의 학생 수와 동작을 외친다.

은철쌤 깨알 꿀팁

이 놀이의 목적은 '몸풀기'이기 때문에, 먼저 여러 가지 스트레칭과 개인전 림보로 준비운동을 하는 것도 좋다.
놀이 시작 전, 림보의 막대에 몸이 닿으면 안 되는 규칙을 언급하여도 좋다.

코브라 거꾸로 림보

• 활동 장소 : 교실/강당 • 활동 인원 : 두 팀 경쟁 • 준비물 : 림보세트

두 팀으로 나뉘어 림보를 빠르게 지나가는 경쟁형 놀이입니다. 림보가 있는 곳까지는 코브라 자세로 기어가며 점점 높아지는 림보 막대를 넘어가는 활동입니다.

코브라 거꾸로 림보 활동 방법

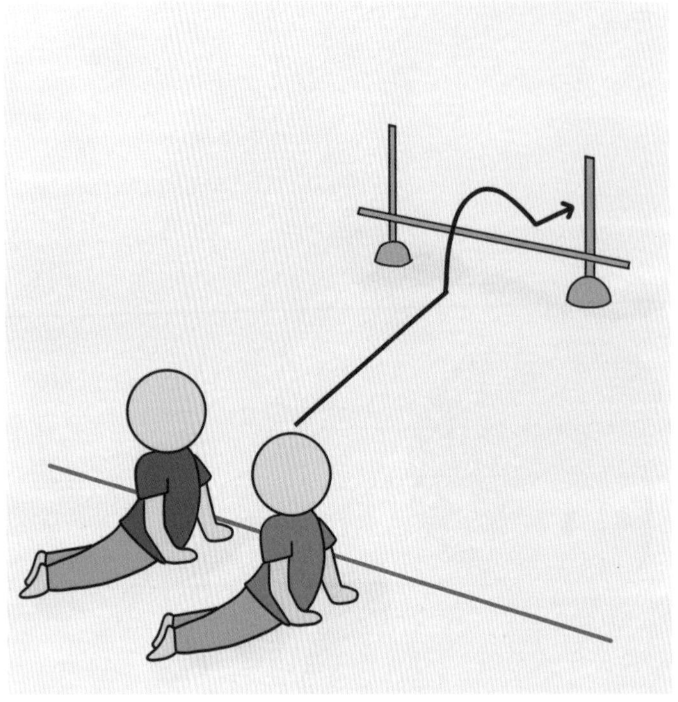

1 출발선에서 코브라 자세로 기다린다. 출발 신호에 따라, 두 팔을 움직여 림보가 있는 곳으로 움직인다.

은철쌤 깨알 꿀팁

림보세트가 없다면, 의자에 줄넘기를 묶거나 테이프를 붙여 진행할 수 있다. 다만 학생들이 건드리고 누르며 지나갈 수 있으니 상황에 따라 줄 아래를 지나가는 등 규칙을 변형하여도 좋다.

2 림보에 다다르면, 팔부터 하나씩 림보를 넘어간다. 코브라 자세가 아니어도 괜찮다.

은철쌤 깨알 꿀팁

학생들이 막대를 넘어갈 때 방법을 다양하게 제시할 수 있다. 네 발 기어가기 자세를 한 후, 팔과 다리가 하나씩 넘어가도 좋고, 다리를 옆구리로 당기며 넘어가도 괜찮다. 어떤 자세로든 두 발로 서서 넘어가지만 않으면 된다고 학생들에게 안내한다.

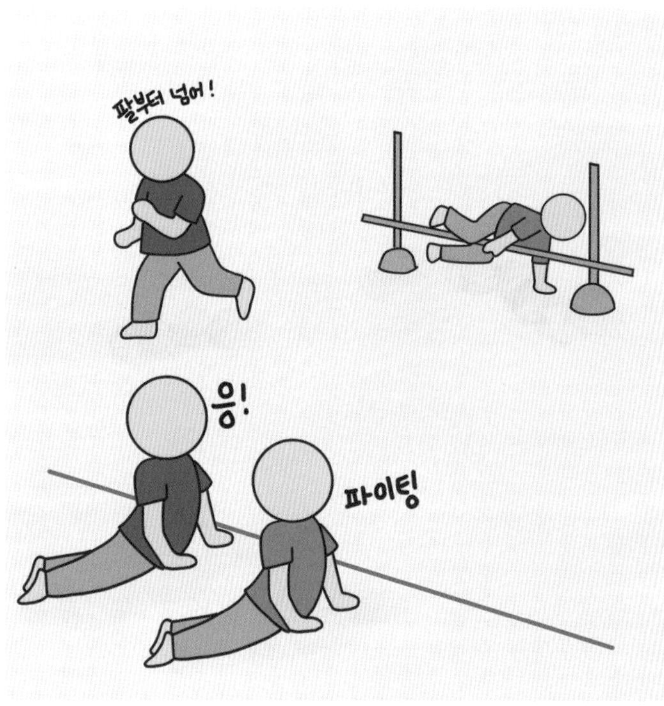

3 림보를 넘은 후에는 걸어서 모둠원이 있는 곳으로 이동한다.

은철쌤 깨알 꿀팁

막대를 건드리지 않고 넘기 위해서는 자신이 성공한 방법을 다른 친구들에게 알려주며 소통하는 것도 중요하다.
자신이 빨리 넘는 것도 중요하지만, 우리 모둠이 함께 해내는 것도 중요한 놀이이다.

4 모든 모둠 구성원이 림보를 넘어 돌아오면 승리한다.

은철쌤 깨알 꿀팁

놀이에 익숙해지면 림보 막대의 높이를 올려 난이도를 올릴 수 있다.
림보에 닿아 막대가 떨어졌을 경우, 출발선부터 다시 시작하는 것이 규칙이나 학생들의 수준에 따라 변형할 수 있다.

02

도구 활용

놀이 1

뜨거운 고구마 놀이

놀이 2

스쿱 릴레이

뜨거운 고구마 놀이

• 활동 장소 : 교실/강당 • 활동 인원 : 2인 1조 • 준비물 : 원마커, 공

이 활동은 물체를 던지고 받으며 원마커 위에서 균형을 잡는 경쟁형 놀이입니다. 빠르게 이동하여 목적지까지 도착해야 합니다.

1 2인 1조 두 팀으로 나누고 팀당 공 하나를 들고 출발선에 선다. 교사는 학생이 밟고 갈 수 있도록 원마커로 길을 만든다.

은철쌤 깨알 꿀팁

길을 처음에는 직선으로 시작하고, 학생들이 익숙해지면 곡선, 지그재그 등 다양한 길 모양으로 만들 수 있다.
학생들에게 공은 뜨거운 고구마라고 설명하며, 공 대신 학생들이 던지고 받을 수 있는 가벼운 물체를 대신 사용하여도 된다.

2 공이 없는 친구는 한 발로 앞으로 뛰어 원마커 위에서 균형을 잡는다. 두 발이 닿거나 원 밖으로 나가면 다시 돌아간다.

은철쌤 깨알 꿀팁

원마커를 이동할 때, 처음에는 두 발 뛰기로 시작하고 익숙해지면 한 발 뛰기로 이동하여도 된다.
제자리에서 던지고 받기, 그리고 균형 잡기까지 2가지 기능을 우선 따로 연습한 후 진행하는 것이 좋다.

3 공을 든 학생은 친구에게 패스한 후 자기도 똑같이 한 발로 앞으로 뛰어 균형을 잡는다. 공을 놓치면 다시 던진다.

은철쌤 깨알 꿀팁

학생들에게 빠르게 공을 던지고 받으며 이동하는 것도 중요하지만, 본래 활동의 목적인 균형을 잘 잡으며 이동하는 것이 중요하다는 것을 상기시킨다.

4 반복하여 가장 먼저 최종 지점에 도착한 팀이 승리한다.

은철쌤 깨알 꿀팁

개인 경기가 아닌 팀별로 경기를 진행할 경우, 학생들이 다른 친구들을 기다리는 시간이 많아 지루할 수 있다. 따라서 팀전일 경우 팀 인원수를 줄여 학생들이 집중력 있게 참여하도록 하는 것을 추천한다.

스쿱 릴레이

• 활동 장소 : 강당/운동장 • 활동 인원 : 모둠 • 준비물 : 스쿱, 공, 점보스택스

이 놀이는 도구의 특성을 익히고 적절히 활용할 수 있는 능력을 기르기 위한 활동으로, 학생들이 놀이 과정에서 자연스럽게 도구를 접하고 활용할 수 있습니다.

스쿱 릴레이 활동 방법

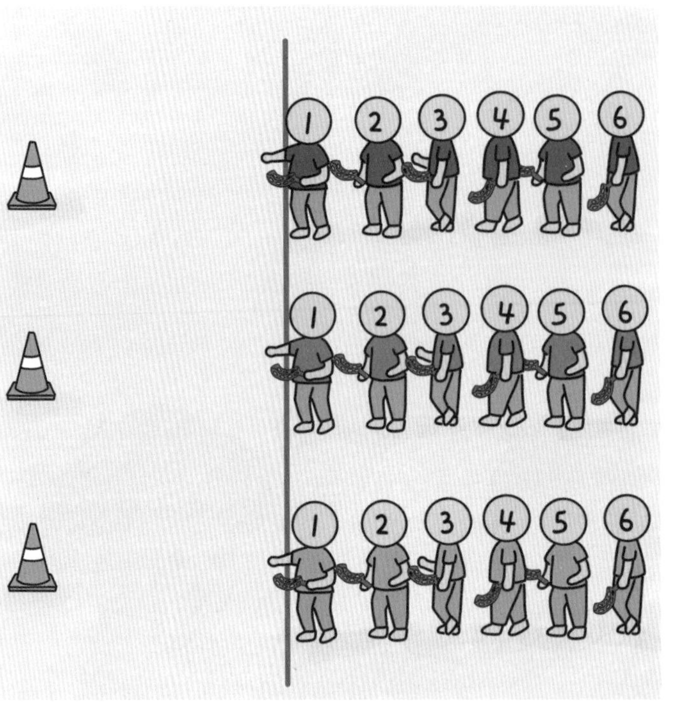

1 6명씩 모둠을 구성하고, 모둠원들은 일렬로 선다.

은철쌤 깨알 꿀팁

활동 시작 전, 스쿱을 활용해 친구와 공 주고받기, 스쿱으로 공 던지고 받기, 스쿱으로 공 들고 걸어 보기 등을 해 도구에 익숙해질 수 있도록 한다. 모둠원들의 간격은 제자리에서 공을 주고받을 수 있는 정도로 한다.

학생 수준에 따라 배드민턴 라켓과 셔틀콕, 접시콘과 티볼공, 컵과 탁구공으로 도구를 변경할 수 있다.

2 1번 주자가 스쿱을 이용해 공을 들고 반환점 콘을 돈 뒤, 모둠의 맨 뒤로 이동한다.

은철쌤 깨알 꿀팁

공을 떨어뜨리면 줍는 데 시간이 걸려 모둠이 불리해지므로, 공을 떨어뜨리지 않고 스쿱을 이용해 안전히 옮겨야 한다는 점을 강조한다.

공을 들고 이동할 때는 손을 사용하지 않도록 안내한다. 예를 들어, 손으로 스쿱을 막고 달리기 등을 금지한다.

다만 공을 떨어뜨렸을 때는 손을 사용하여 줍도록 할 수 있다.

3 1번 주자부터 앞 사람에게 차례로 공을 전달한다.

은철쌤 깨알 꿀팁

공을 전달할 때 스쿱만 이용하도록 하며, 손을 사용하지 않도록 한다. 모둠원을 건너뛰지 말고 한 사람씩 차례로 전달하도록 한다.

학생들이 스쿱 사용에 익숙해지면 모둠원 간 간격을 양팔 간격 정도로 늘려 공을 던져서 주고받게 할 수 있다.

4 반복하여 맨 앞사람에게 공을 전달한다. 가장 앞에 있는 사람이 점보스택스에 공을 먼저 넣는 모둠이 승리한다.

은철쌤 깨알 꿀팁

2번 주자가 모둠의 맨 뒤로 가면, 공이 3번 주자에게 갈 때까지 앞사람에게 차례로 공을 전달한다. 3번 주자가 공을 받으면 반환점을 돌아와서, 공이 4번 주자에게 갈 때까지 앞사람에게 차례로 공을 전달한다. 마지막 주자도 마찬가지로 모둠의 맨 뒤로 가서 공을 앞사람에게 차례로 전달한다. 1번 주자가 공을 점보스택스에 먼저 넣는 모둠이 승리한다.

밀기 · 당기기 · 균형잡기

놀이 1

그대로 멈춰라

놀이 2

호루라기 술래잡기

놀이 3

콩콩 색판 뒤집기

놀이 4

집을 차지하라

그대로 멈춰라

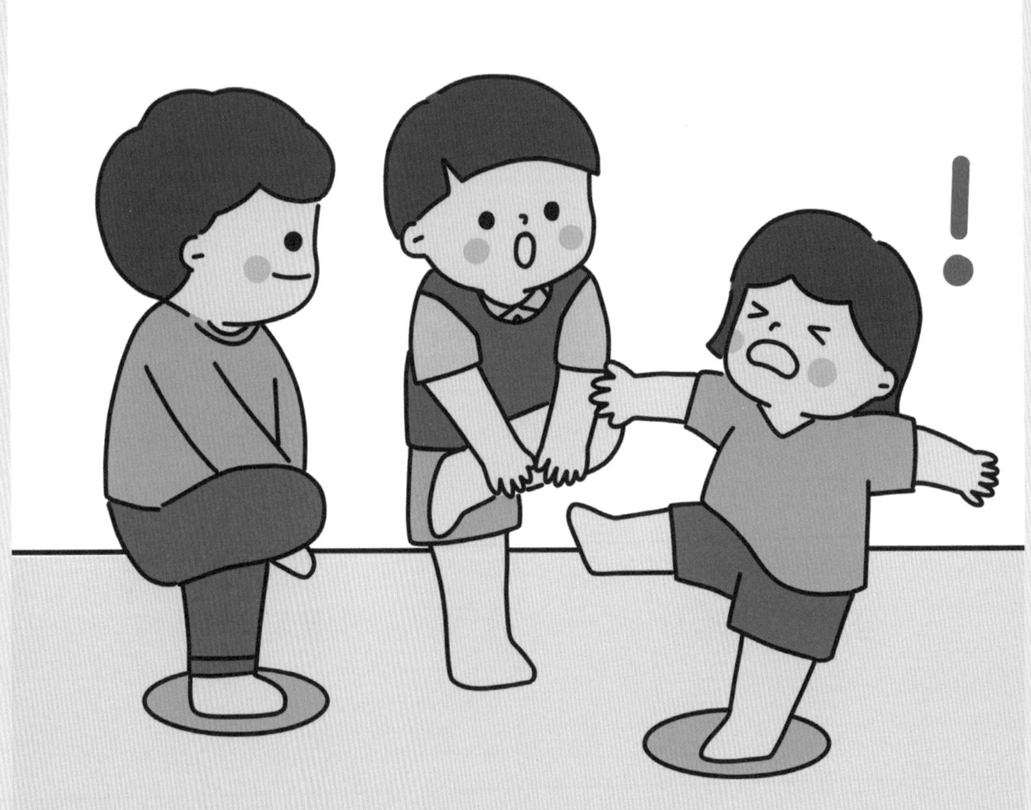

• 활동 장소 : 교실/강당 • 활동 인원 : 전체 • 준비물 : 원마커

이 활동은 반 전체가 균형잡기 동작을 대결하는 놀이입니다. 준비물이 필요 없고, 학생들이 맨몸으로 균형감각을 발달시킬 수 있는 간단한 활동입니다.

1 반 전체가 원 모양으로 마주 보고 선다. 술래는 원의 가운데에 선다. 서 있는 자리에서 음악에 맞춰 자유롭게 움직인다.

은철쌤 깨알 꿀팁

술래는 순서대로 돌아가면서 하는 것을 권장한다. 자유롭게 움직이되 자리(원마커)를 이탈하지 않도록 한다.

2 음악이 멈추면 술래는 한 발을 들고 자세를 취한다. 나머지 학생들은 자신의 원마커에 한 발을 딛고 술래의 동작을 똑같이 따라 한다.

은철쌤 깨알 꿀팁

음악을 틀고 술래가 동작을 생각해 낼 시간을 준다. 술래는 한 발을 든 자세를 취해야 한다. 양발이 땅에 닿지만 않는다면 자유롭게 자세를 만들 수 있으나 일정 시간 유지할 수 있어야 한다. 난이도를 조정하고 싶으면 교사가 술래에게 특정 동작을 하도록 유도한다. (예 : 요가 산 자세, 양팔을 벌리고 한 발을 뒤로 보내는 비행기 자세 등.)

3 교사가 숫자를 10까지 세는 동안 자세를 유지한다. 양발로 서거나 자세가 무너지면 탈락한다. 탈락한 학생은 그 자리에 앉는다. 차례대로 반복한다.

은철쌤 깨알 꿀팁

숫자를 늘리거나, 속도를 조절함으로써 난이도를 조절할 수 있다. 원마커를 벗어나는 경우도 탈락으로 인정한다. 술래가 균형을 잃고 발이 닿으면 술래 또한 탈락한다. 술래가 탈락하면 그 턴은 즉시 종료하고 모두 통과한다.

호루라기 술래잡기

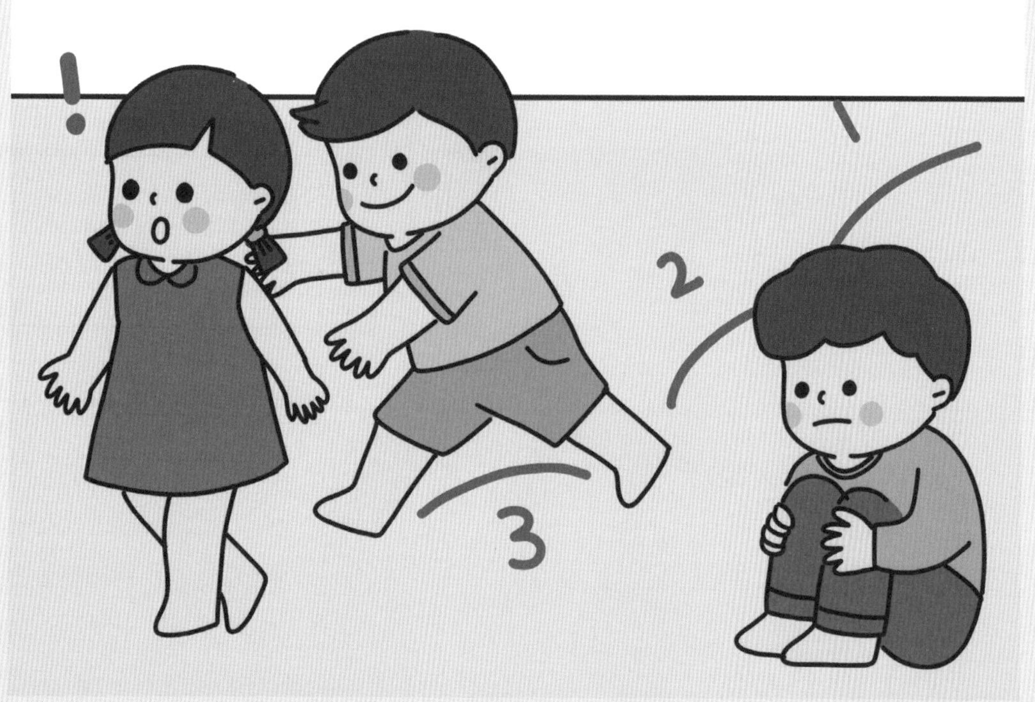

• 활동 장소 : 강당/운동장　• 활동 인원 : 전체　• 준비물 : 호루라기

이 활동은 전체 활동으로 술래와 학생들 모두 한 발로 이동하고 버텨야 하는 한 발 서기 응용 놀이이다. 개인전과 팀전으로 활동이 가능하다.

호루라기 술래잡기 활동 방법

1 학생 수와 공간을 고려해 술래를 1~2명 정한다. 교사가 호루라기를 한 번 불면 술래를 제외한 학생들은 한 발로 3걸음 이동하고 서 있는다.

은철쌤 깨알 꿀팁

공간의 크기에 따라 술래의 수를 조절하면 된다. 보통 피구 코트 규모의 경기장일 경우 술래 1명, 이보다 클 경우 2명이 적당하다.

2 교사가 호루라기를 두 번 불면 술래가 한 발로 3걸음 이동하고, 멈춘 지점에서 손이 닿는 친구들을 터치한다. 술래에게 터치된 학생들은 그 자리에 앉는다.

은철쌤 깨알 꿀팁

술래가 터치하는 동안 양발 또는 손이 닿은 학생도 탈락한다. 술래를 제외한 학생들은 서로 손이나 어깨를 잡고 의지할 수 있다. 뛰거나 서 있는 동안 발을 바꿀 수 없다. 다만 다시 호루라기를 불고 이동할 때는 다른 발로 바꿔 뛸 수 있다.

3 제한시간 2분 동안 5명 이상 살아남으면 학생들의 승리, 5명 미만이 남으면 술래의 승리다.

은철쌤 깨알 꿀팁

제한시간과 살아남는 인원은 학급 상황에 맞춰 조정한다.
학생들이 놀이에 익숙해지면 팀전을 실시하여 난이도를 상향할 수 있다. 전체를 두 팀으로 나누고 술래를 1명씩 선정한다. 놀이 방법은 같으며, 술래는 상대 팀 학생들만 터치한다. 제한시간 동안 더 많은 학생이 살아남는 팀이 승리한다.

콩콩 색판 뒤집기

• **활동 장소 : 교실** • **활동 인원 : 두 팀 경쟁** • **준비물 : 원마커(양면)**

이 활동은 모둠별 활동으로 학생들이 균형을 잡고 콩콩 한 발로 뛰며 가위바위보를 통해 더 많은 색판을 뒤집는 협동 및 경쟁형 놀이입니다.

1 교사의 신호에 양 팀 학생들은 시작점 원마커에서 모두 차례대로 출발한다.

은철쌤 깨알 꿀팁

원마커 개수(색상별 동일) 및 간격은 학생의 수준 및 놀이 환경에 따라 조절할 수 있다. 한 발 뛰기 시 중간에 발을 번갈아 바꿀 수 없다.

2 팀 색상의 원마커를 (양팔을 벌리고) 한 발로 뛰며 이동한다.

은철쌤 깨알 꿀팁

안전을 위해 앞의 학생이 뛰는 것을 보고 주변을 살핀 후 뛸 수 있도록 지도한다.

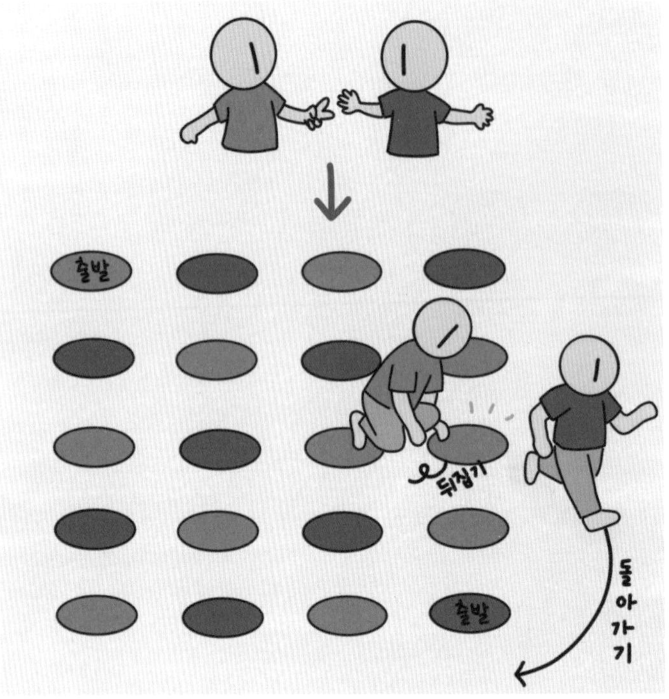

3 상대 팀 학생과 만나면 가위바위보를 해서 진 학생은 자신의 원마커를 상대 팀 색상으로 뒤집고 다시 시작 원마커로 돌아간다.

은철쌤 깨알 꿀팁

이긴 학생은 계속 한 발로 콩콩 이동하며 가위바위보를 진행한다. 이동 시 발이 풀리거나 넘어지는 경우에도 다른 친구들과 부딪히지 않도록 조심히 나와 다시 시작 원마커로 돌아간다.
주변이 모두 상대 팀 색상 원마커가 되어 고립되어 진행이 어려운 경우에도 다시 시작 원마커로 돌아갈 수 있다.

4 일정 시간 동안 모둠 색상 원마커가 더 많은 모둠이 승리한다.

은철쌤 깨알 꿀팁

교사가 놀이 시작 전 일정 시간을 안내하고 타이머를 설정하여 화면으로 보여 주면 학생들이 남은 시간을 확인하며 놀이에 참여할 수 있다.
학생의 체력 수준에 따라 힘든 경우 시작점 콘 뒤에서 충분히 휴식 후 다시 놀이에 참여할 수 있다.

집을 차지하라

• 활동 장소 : 강당/운동장 • 활동 인원 : 두 팀 경쟁 • 준비물 : 원마커

이 활동은 학생들이 가위바위보를 통해 원마커 위를 멀리 뛰어 이동하며 균형을 잡는 경쟁형 놀이입니다.

집을 차지하라 활동 방법

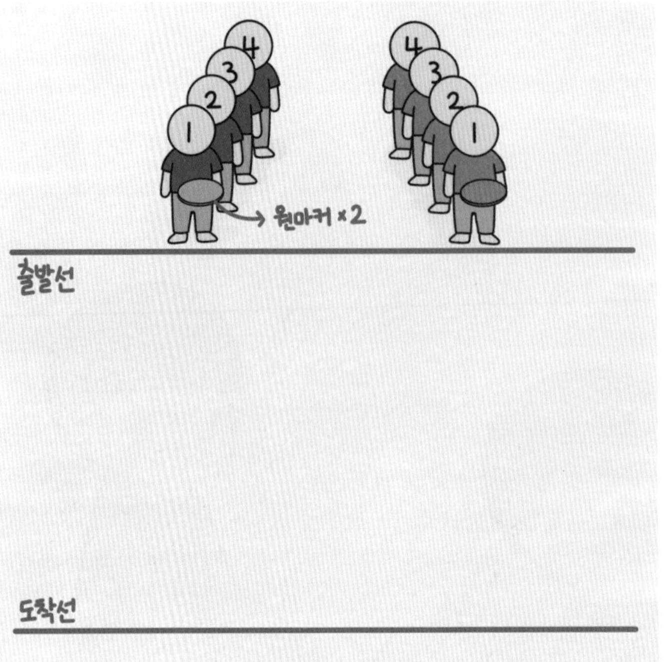

1 출발선과 도착선을 정하고 두 팀으로 나눈 후 원마커를 2개 든다.

은철쌤 깨알 꿀팁

출발선과 도착선은 제자리 멀리뛰기를 3번 했을 때 넘어갈 수 있는 정도 거리로 그어 주면 좋다.

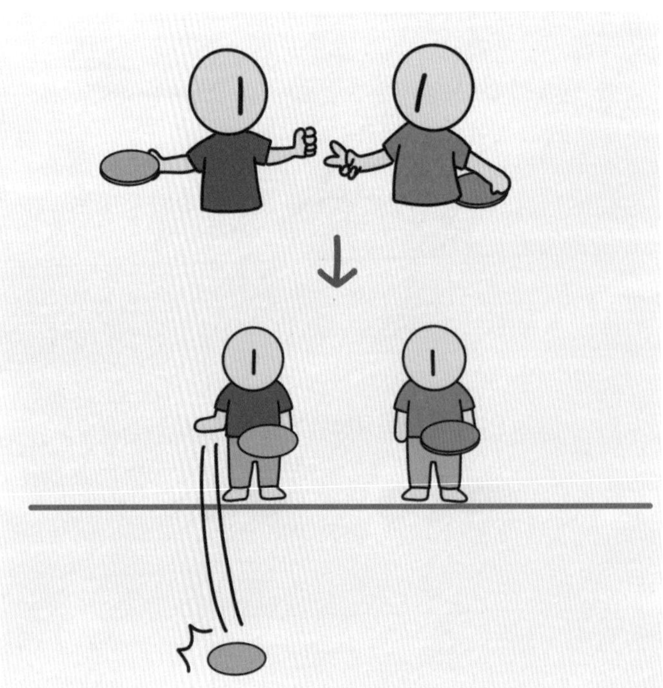

2 가위바위보를 해서 이긴 학생은 원마커를 멀리 던진다.

은철쌤 깨알 꿀팁

원마커를 던져서 떨어진 곳에서 이동시킬 수 없다. 자신이 뛰어서 도착할 수 있을 만큼의 거리에 원마커를 던지도록 한다.

3 던진 원마커 위로 점프해서 이동한다. 원마커 위에 착지하지 못하면 그 전 단계로 돌아온다.

은철쌤 깨알 꿀팁

원마커에 정확하게 착지하지 못하면 다시 그 전 단계로 돌아와야 한다. 단 원활한 진행을 위하여 교사가 적절하게 성공/실패 여부를 판단해 준다.

도착선

4 반복하여 가장 먼저 출발선에 도착한 학생이 승리한다. 승자가 나오면 다음 주자들이 이어서 한다.

은철쌤 깨알 꿀팁

각 팀의 1번 주자에서 승자가 정해지면 그다음 주자가 이어서 놀이를 한다. 한 번에 많은 학생이 참가하게 하기 위해 여러 팀으로 나누는 것이 좋다.

걷기 · 달리기

놀이 1

도전! 이어 걷기

놀이 2

칙칙폭폭 술래잡기

놀이 3

찾아라 기차놀이

놀이 4

모여라 기차놀이

놀이 5

대결! 술래잡기

놀이 6

이번 역은 보물섬!

도전! 이어 걷기

• 활동 장소 : 교실 • 활동 인원 : 두 팀 경쟁 • 준비물 : 색테이프, 점보스택스

이 활동은 모둠별 활동으로 학생들이 선을 따라 걸으며 컵을 쌓고 합치는 경쟁형 놀이입니다.

1 두 팀으로 나누고 지그재그 길을 만든 후 끝에 점보스택스를 3-2-1 피라미드로 쌓아 둔다.

은철쌤 깨알 꿀팁

일자, 지그재그, 달팽이 등 선 모양에 따라 난이도를 조절할 수 있다.
중간에 끊어진 지점을 만들어서 건너뛰기도 할 수 있다.

2 1번 주자는 길을 따라 걸어가서 컵을 정리하고 돌아와 2번 주자에게 터치한다.

은철쌤 깨알 꿀팁

본 놀이 전에 스피드스택스를 활용하여 3-2-1 층을 쌓는 놀이를 하면 효과적이다. 학생들에게 3-2-1 층이 어려운 경우 2-1 층으로 난이도를 조절할 수 있다. 점보스택스가 없으면 종이컵이나 스피드스택스로 대체할 수 있다.

도전! 이어 걷기 활동 방법

3 2번 주자는 길을 따라 걸어 가서 컵을 쌓고 출발점으로 되돌아온다.

은철쌤 깨알 꿀팁

학생들의 경쟁심이 과열되어 스택스컵을 빠르게 대충 쌓는 것을 방지하기 위해 그 다음 주자가 도착할 때까지 스택스컵이 쓰러지거나 무너지면 안 된다고 놀이 전에 주의사항을 안내한다.
컵을 정리하는 주자는 원마커 등으로 위치를 정하여, 모든 모둠이 일정한 위치에 정리해 놓아 다음 주자가 동일한 조건에서 다시 쌓도록 한다.

4 피라미드 쌓기와 정리하기를 반복하여 가장 빨리 돌아온 팀이 승리한다.

은철쌤 깨알 꿀팁

모둠별 이어서 걷기 활동으로 다른 미션을 다양하게 제공할 수 있다.

칙칙폭폭 술래잡기

• 활동 장소 : 강당/운동장 • 활동 인원 : 전체 • 준비물 : 없음

이 활동은 전체 활동으로 학생들이 술래를 피해 달리다가 2명이 기차를 만들면 무적이 되는 놀이이다.

칙칙폭폭 술래잡기 활동 방법

1 학급 인원을 고려해 술래를 1~2명 정한다. 게임이 시작되면 술래는 친구들을 잡으러 다닌다.

은철쌤 깨알 꿀팁

학생 수가 많은 경우 2명 이상의 술래를 정해 놀이에 재미를 더할 수 있다.

2 2명의 학생이 모여 기차를 만들면 술래는 잡지 못한다.

은철쌤 깨알 꿀팁

기차를 이루는 인원은 상황에 맞게 정한다. 단 모든 학생이 기차를 이루면 게임이 진행되지 않으므로 남는 학생이 있도록 인원을 조정한다. 기차를 만들기 위해서는 일렬로 서서 앞사람 어깨 위에 자신의 양손을 올려야 한다. 기차를 만든 후에도 멈춰 있는 것이 아니라 계속 움직이며 다른 친구들이 쉽게 합류할 수 있도록 한다.

3 다른 친구가 "빵빵!"이라고 외치며 뒤에 붙으면 첫 번째 친구는 기차에서 나와 도망가야 한다.

은철쌤 깨알 꿀팁

나중에 기차에 합류한 친구는 기차의 맨 뒤를 따르도록 한다. 중간중간 교사가 기차를 만드는 조건을 바꾸는 변수를 줄 수 있다. (예 : 기차는 3명씩! 2명씩! 4명씩! 등으로 인원을 바꾼다.)

4 술래에게 잡힌 학생은 다음 술래가 된다.

은철쌤 깨알 꿀팁

술래에게 잡힌 학생은 술래 조끼를 입고 제자리에서 10초를 센 후 도망자들을 쫓기 시작한다.

찾아라 기차놀이

• 활동 장소 : 교실 • 활동 인원 : 전체 • 준비물 : 팀조끼, 쪽지, 뽑기함

걷기 요소를 익히기 위한 활동으로 학생들이 기차놀이를 통해 자연스럽게 걷기 기능을 연습할 수 있는 놀이입니다.

1 친구들과 나와의 공통점, 차이점을 생각해 보고 쪽지를 각각 하나씩 작성해 뽑기함에 넣는다.

은철쌤 깨알 꿀팁

우리 반 친구들을 살펴보며 나와 공통된 요소, 차별된 요소를 생각한다. 공통점, 차이점 각각 쪽지에 하나씩 작성하여 뽑기함에 넣는다. 예시는 다음과 같다.

- 공통점 : 안경을 썼다.
  양말이 흰색이다.
- 차이점 : 머리 길이가 어깨를 넘는다.
  마스크를 썼다.

2 기관사 2명은 서로 다른 색 조끼를 입는다. 교사가 쪽지를 뽑아 조건을 말하면 기관사는 조건에 맞는 승객을 찾아 기차에 태운다.

은철쌤 깨알 꿀팁

교사는 학생들이 작성한 쪽지 1개를 뽑아 기차 탑승 조건으로 안내한다. 기관사는 조건을 듣고 대기하고 있는 승객들 중 조건을 만족하는 학생을 시간 내에 빠르게 찾아 기차에 탑승시킨다. 이때 기차 탑승은 어깨에 손을 얹는 것으로 한다.

3 기차 탑승객은 기관사와 함께 교실을 이동한다. 만약 조건에 맞는 탑승객이 더 이상 없으면 추가 승객 없이 그대로 운행한다.

은철쌤 깨알 꿀팁

제한시간을 적당히 두어 놀이를 진행하면 놀이가 오랫동안 이어지고 흥미가 배가된다.

4 남은 대기 승객이 없을 때까지 기차 운행을 계속하며, 끝날 때 승객 수가 더 많은 기차가 승리한다.

은철쌤 깨알 꿀팁

기관사 2명으로 놀이하는 방식 외에도, 기관사 1명을 두고 모든 승객이 탑승할 때까지 걸리는 시간을 측정하는 방식으로 진행할 수도 있다. 기관사를 바꿔서 놀이를 반복한다.

모여라 기차놀이

• 활동 장소 : 교실/강당/운동장 • 활동 인원 : 전체 • 준비물 : 노래

이 활동은 기차 대형으로 학생들이 모였다가 흩어지며 걷기 요소를 연습할 수 있는 놀이입니다.

모여라 기차놀이 활동 방법

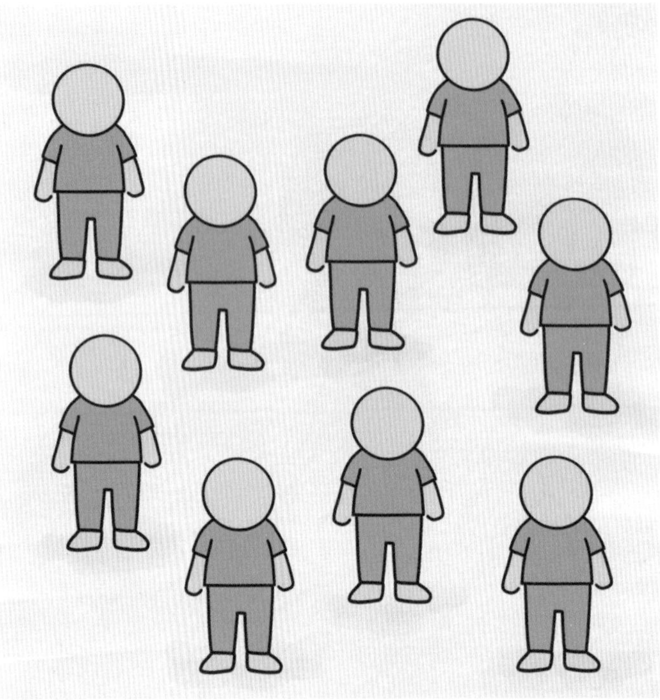

1 모든 학생이 놀이 공간 전체에 넓게 흩어진 상태로 놀이를 시작한다.

은철쌤 깨알 꿀팁

놀이 공간의 규모는 학급 수준에 따라 조절할 수 있다. 놀이 공간이 좁을수록 새롭게 기차를 조합하는 데 걸리는 시간이 단축된다.

2 교사가 "n명" 하고 외치면 학생들은 해당 인원수만큼 모여 어깨에 손을 올려 기차 대형을 만든다. 기차를 못 만든 학생은 탈락한다.

은철쌤 깨알 꿀팁

모임 인원수를 초과한 경우 가장 마지막에 합류한 학생이 다른 기차로 이동하거나 탈락하게 된다. 학생들 간 격렬한 몸싸움을 방지하기 위해 친구를 밀어서 보내면 패널티를 부과한다고 미리 안내한다.

3 완성된 기차는 자유롭게 돌아다닌다. 탈락 학생이 다시 "n명"이라고 외치면 원래 기차는 해체되고 새롭게 기차를 만든다.

은철쌤 깨알 꿀팁

교사가 판단하기에 탈락 학생이 많아질 경우, 탈락 학생들끼리 가위바위보를 하여 한 사람이 기차 인원수를 외칠 수 있도록 한다. 새로운 인원수를 외치면 모든 학생이 다시 놀이에 합류하여 새로운 기차를 만들 수 있다.

4 놀이 시간이 끝날 때까지 활동을 반복한다. 마무리할 때 탈락 횟수가 가장 적은 학생이 놀이 전체 우승자가 된다.

은철쌤 깨알 꿀팁

탈락 횟수를 기록하기 위해 칠판에 '바를 정' 자 적기 혹은 이름 옆에 자석 붙이기 등을 이용해 타인이 이야기하는 것을 지양하고, 탈락한 학생이 자발적으로 확인할 수 있도록 한다.

대결! 술래잡기

• 활동 장소 : 교실/강당 • 활동 인원 : 두 팀 경쟁 • 준비물 : 펀스틱, 라바콘

이 활동은 두 팀으로 나뉘어 상대 팀을 펀스틱으로 터치하여 아웃시키면 이기는 경쟁형 놀이입니다.

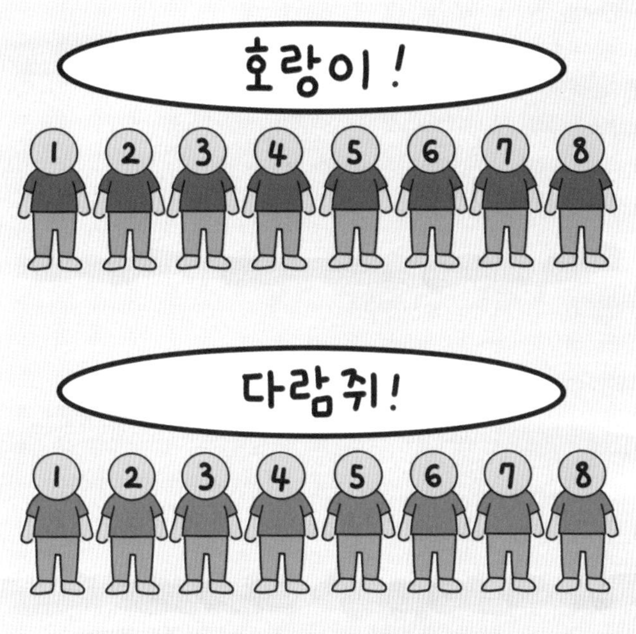

1 학생들을 두 팀으로 나누고, 각 팀마다 경기장에 들어갈 순서를 정한다. 그리고 3글자로 된 팀구호를 각각 정한다. (예 : 호랑이, 다람쥐 등.)

은철쌤 깨알 꿀팁

상대 팀을 아웃시킬 때, 펀스틱으로 머리를 치거나 세게 치지 않도록 하고, 가볍게 가져다 대는 것만 허용한다.

2 1번부터 5번까지 펀스틱을 들고 경기장 안에 선다. 한 팀당 한 걸음씩 번갈아가며 이동한다. (다 같이 "OOO!"라고 팀구호를 외치면 한 걸음을 이동할 수 있다.)

은철쌤 깨알 꿀팁

경기장에는 5명씩만 들어간다. 한 걸음 이동한다는 것은 예를 들어 왼쪽 발이 고정된 상태에서 오른발을 내딛고, 그다음 왼발을 오른발이 있는 곳으로 보내 두 발을 모은 상태를 말한다.

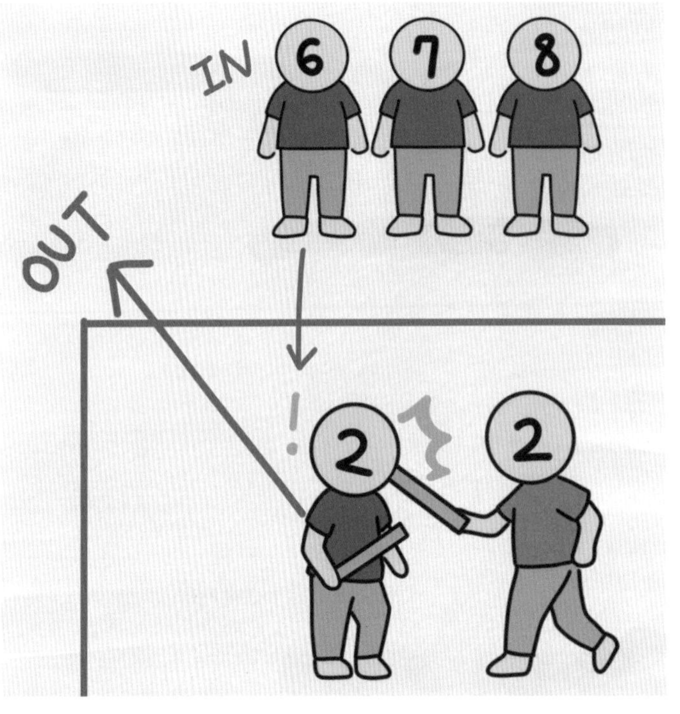

3 한 걸음씩 이동하다가 상대 팀과 가까워지면 펀스틱으로 다른 팀을 아웃시킬 수 있다. 우리 팀 선수가 아웃되면 그다음 선수가 순서대로 들어가 게임을 진행한다.

은철쌤 깨알 꿀팁

두 발이 고정된 상태에서 펀스틱으로 상대 팀을 터치하기 어려울 수 있으므로, 본인이 있는 자리에서 한 발을 고정하고 다른 발을 뻗어 터치하는 것까지 허용하는 방법도 있다. 상대 팀 여러 명이 주변에 있는 경우 1명만 아웃시킬 수 있다.

4 상대 팀 인원을 전부 아웃시키는 팀이 승리한다.

은철쌤 깨알 꿀팁

아웃된 경우, 경기장 밖에서 점핑잭 5회를 하고 돌아와서 라인 바깥에서 상대 팀을 아웃시키는 방법으로 게임을 변형할 수 있다.
두 팀의 인원이 다른 경우, 부족한 인원 수만큼 부활하도록 한다.

이번 역은 보물섬!

- 활동 장소 : 강당/운동장
- 활동 인원 : 3인 1조
- 준비물 : 훌라후프, 콩주머니 또는 스포츠 빈백

이 활동은 3인 1조 활동으로 학생들이 일렬로 기차를 만들고 함께 움직이면서 더 많은 콩주머니를 모으는 협동 및 경쟁형 놀이입니다.

1 콩주머니를 뿌려 둔다. 1명이 훌라후프 안으로 들어가고 2명의 기관사가 훌라후프의 앞과 뒤를 잡고 선다.

은철쌤 깨알 꿀팁

콩주머니를 곳곳에 뿌려 두되 특정 부분에 모아서 뿌려 두면 학생들이 그쪽으로 모이면서 더욱 흥미진진한 놀이가 된다.

2 게임이 시작되면 모둠별 기차가 출발하고 훌라후프 안의 학생이 콩주머니를 줍는다.

은철쌤 깨알 꿀팁

학생들의 체력과 운동 능력 수준을 고려하여 게임 공간의 범위를 정한다. 학생들이 계속 콩주머니를 들고 게임하는 경우 손이 부족해 어려움을 겪을 수 있다. 따라서 모둠별 바구니를 출발선에 놓고 중간중간 바구니 구역으로 돌아와 콩주머니를 놓을 수 있도록 한다. 기차 밖으로 나가 콩주머니를 줍는 것은 무효로 한다.

3 정해진 시간이 지나면 게임이 종료되고, 더 많은 콩주머니를 모은 팀이 승리한다.

은철쌤 깨알 꿀팁

바구니에 있는 콩주머니의 수와 종료 시점에 손에 들고 있는 콩주머니 수를 합해 점수를 계산한다. 게임 시간은 2분 내외이지만 학생 수, 게임 공간의 넓이 등을 고려해 조정할 수 있다. 학생들이 게임 라운드마다 기관사 역할을 바꿔 가며 참여할 수 있도록 한다.

05

던지기 · 치기 · 차기

놀이 1

복불볼링

놀이 2

봄버맨 볼링

복불볼링

• 활동 장소 : 교실 • 활동 인원 : 두 팀 경쟁 • 준비물 : 점보스택스, 농구공, 핀

이 활동은 볼링의 규칙에 '운' 요소를 더해서 수비팀은 핀을 숨기고, 공격팀은 핀을 찾아서 맞춰야 하는 전략형 팀 경쟁 활동입니다.

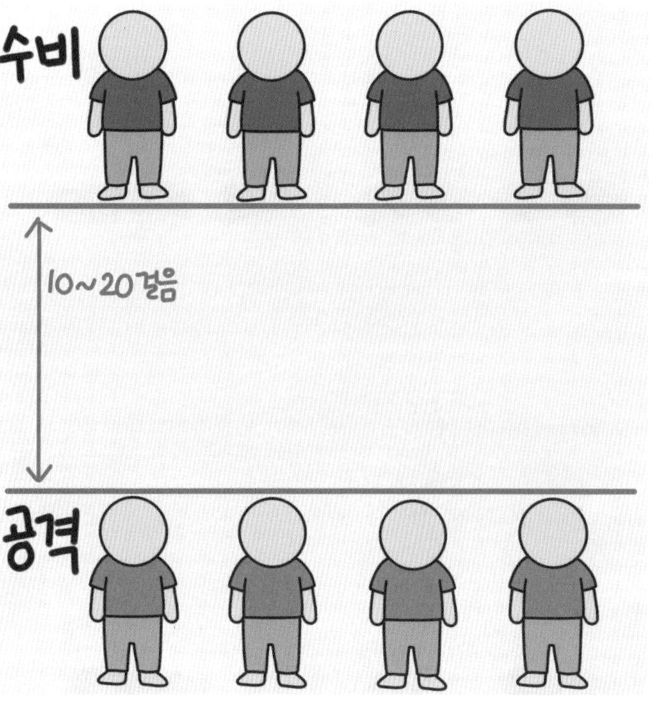

1 공격과 수비로 팀을 나눈 후, 10~20걸음 간격으로 선을 긋는다. 각 팀은 선의 바깥쪽에 선다.

은철쌤 깨알 꿀팁

활동 전 간이 볼링세트가 있는 경우에는 미리 볼링 연습을 충분히 하면 좋다. 없다면 농구공을 굴려서 축구 골대에 넣기, 허들 아래로 통과시키기, 콘 맞추기 등의 기능 연습을 할 수 있다. 공격팀과 수비팀의 거리는 라운드가 진행될수록 벌려 나간다. 핀이 없는 경우 500ml 물병으로 대체한다.

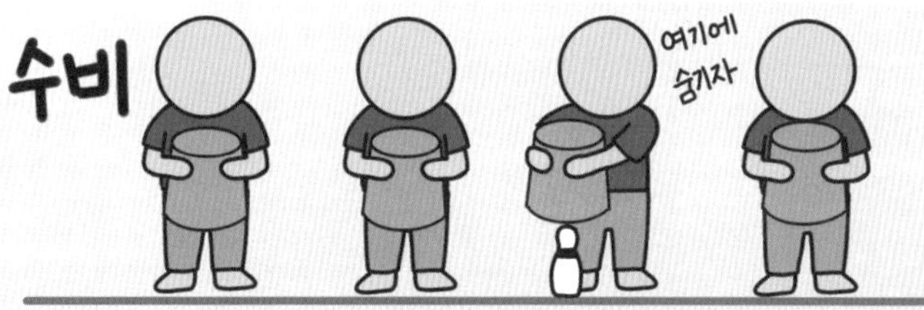

2 수비팀은 점보스택스를 공격팀의 인원수만큼 준비하고, 스택스 중 한 곳에 핀을 숨긴다. 공격팀은 농구공을 준비한다.

은철쌤 깨알 꿀팁

수비팀이 숨기는 동안 공격팀은 뒤돌아 앉는다. 수비팀은 모여서 작은 소리로 대화하도록 하며 시간은 10초 내외로 한다. 변형으로는 핀을 여러 개 숨기도록 하고 점수제로 진행할 수도 있다. 이때 핀을 한 곳에 2~3개 넣도록 하면 '운' 요소가 추가되어 더 즐겁게 활동할 수 있다.

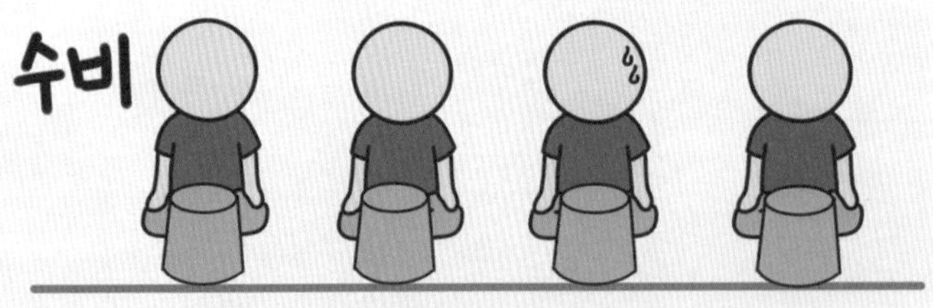

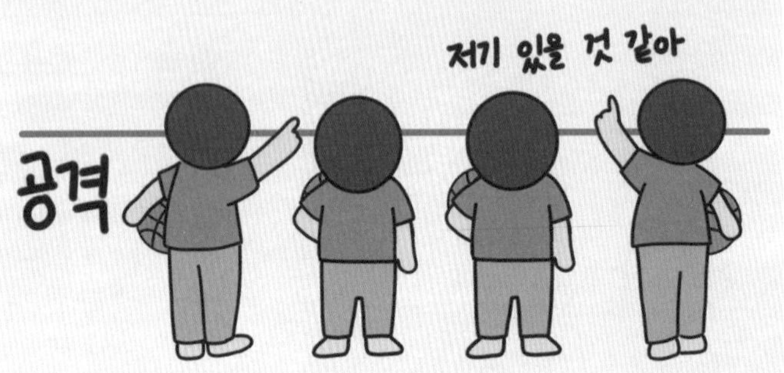

3 공격팀은 핀이 있는 곳을 추측하고, 각자 맞출 스택스를 정한다. 준비되면 동시에 농구공을 굴린다.

은철쌤 깨알 꿀팁

순차적으로 공격할 경우, 중간에 핀이 맞아 공개되면 뒤 학생들이 참여를 못할 수 있다. 따라서 서로의 공이 부딪히는 변수까지 '운'의 요소로 넣어 동시에 굴리게 한다. 농구공이 부족하면 다른 공으로 해도 무방하다.

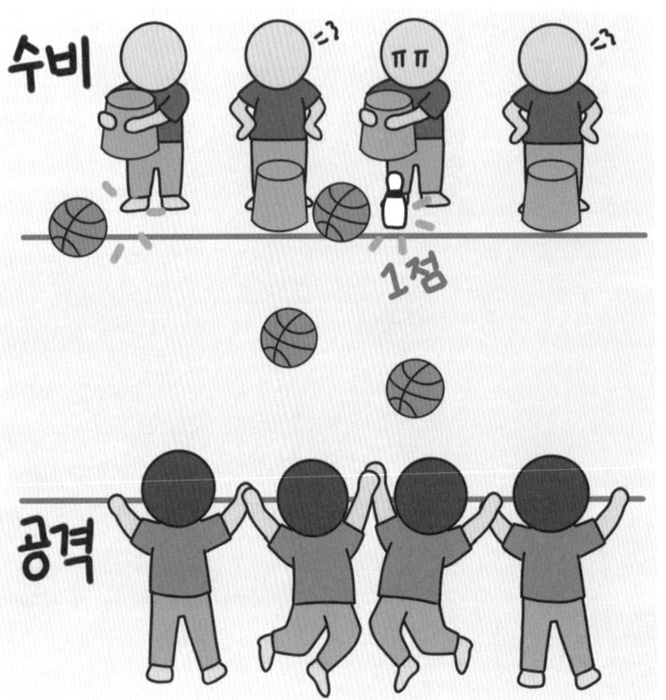

4 수비팀은 맞은 스택스를 열어 보여 준다. 숨긴 핀을 맞춘 경우 공격의 승리, 못 맞춘 경우 수비팀의 승리. 번갈아가며 진행한다.

은철쌤 깨알 꿀팁

볼링의 기능을 익히는 것이 수업의 목표가 아니므로 자세와 단계에 신경을 쓰기보다 학생들이 정확히 목표물을 향해 공을 굴리는 것에 중점을 두도록 한다. 쉽게 공격 쪽이 이기면 거리를 늘리고, 수비 쪽이 이기면 핀의 개수를 추가하며 라운드를 진행시킨다.

봄버맨 볼링

- **활동 장소 : 교실/강당/운동장**
- **활동 인원 : 전체**
- **준비물 : 개인 물병, 공, 멀티초크 또는 라인테이프(실내)**

이 활동은 + 모양 선의 사분면을 넘어 다니며 술래를 피하는 봄버맨 놀이에 핀을 맞추는 볼링의 규칙을 더한 놀이입니다.

봄버맨 볼링 활동 방법

1 바닥에 + 모양을 크게 그리고 술래는 1부터 10까지 숫자를 세며 이동한다.

> **은철쌤 깨알 꿀팁**
>
> 실내에서 할 경우에는 라인테이프나 멀티초크를 이용해서 크게 + 모양을 표현한다. 술래는 분면을 넘을 때마다 1씩 숫자를 세고, 나머지 학생들은 술래에게서 최대한 멀리 도망친다. 도망치는 학생들이 선에 걸쳐 있는 경우 양쪽 분면에 모두 해당하는 것으로 규칙을 정해야 부정행위를 방지할 수 있다. 술래도 구역을 확실히 넘도록 한다.

2 나머지 학생들은 술래와 다른 분면으로 도망치다가 술래가 10을 센 후 "펑!" 하고 외치면 제자리에 멈춘다.

> **은철쌤 깨알 꿀팁**
>
> 술래가 구역을 넘어가는 속도는 자신의 마음대로 할 수 있으며, 대각선에 있는 구역으로도 이동이 가능하다. 어느 쪽으로 이동하든지 1씩만 숫자가 증가한다.

3 술래와 같은 분면의 학생들은 아웃되고, 다른 분면의 학생들은 자리에 각자의 물병을 두고 나간다.

은철쌤 깨알 꿀팁

물병의 크기를 통일하지 않으면 재미 요소가 될 수 있다. 사전에 각자 물병을 준비하도록 안내하거나 각자 재활용병 중 하나를 선택하도록 한다. 술래의 "펑" 외침 이후에 움직인 학생과 선을 밟은 학생도 아웃되도록 한다. 술래의 숫자는 주사위를 굴려 나온 숫자로 진행할 수도 있다.

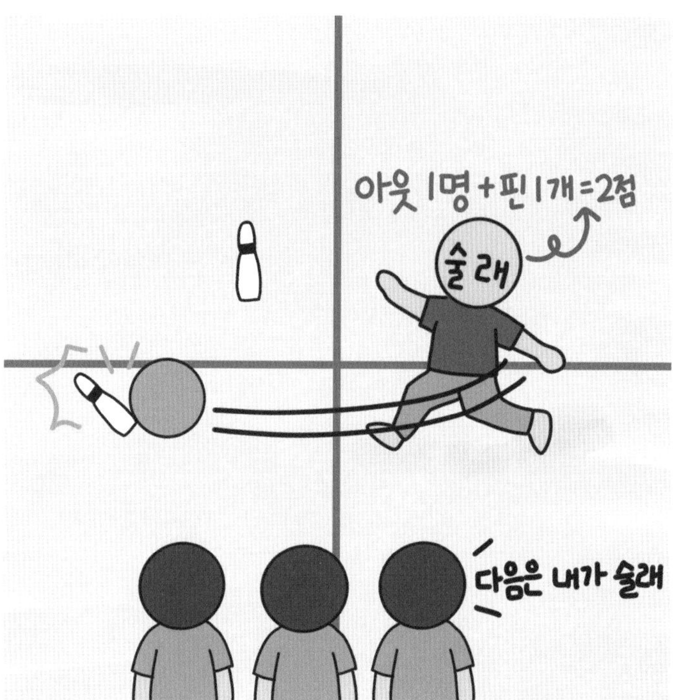

4 술래는 공을 굴려 바닥에 있는 물병들을 맞추며 (쓰러뜨린 개수)+(아웃시킨 학생 수)만큼 점수를 얻는다.

은철쌤 깨알 꿀팁

술래도 멈춘 자리에서 공을 굴려야 하며, 공의 크기는 처음엔 빅발리볼–농구공–축구공–핸드볼 등으로 점차 작게 하도록 한다. 술래는 전원이 돌아가며 맡고, 각자 술래를 했을 때의 점수로 개인전 순위를 정한다.

초등학생을 위한 기적의 신체놀이

1학년 2학기

초판 1쇄 2024년 8월 31일
글 서은철 | **그림** 김재희
편집기획 북지육림 | **교정교열** 김민기 | **디자인** 이선영
종이 다올페이퍼 | **제작** 명지북프린팅 | **펴낸곳** 지노 | **펴낸이** 도진호, 조소진
출판신고 2018년 4월 4일 | **주소** 경기도 고양시 일산서구 강선로 49, 916호
전화 070-4156-7770 | **팩스** 031-629-6577 | **이메일** jinopress@gmail.com

ISBN 979-11-93878-09-5 (03370)